対話とアイデアを生む

The Graphic Facilitation Textbook

グラフィックファシリテーションの教科書

グラフィックファシリテーション協会 代表理事

山田夏子 Natsuko Yamada

かんき出版

はじめに

グラフィックファシリテーションは、
「話し合い」をより豊かで面白いものに変えてくれる「魔法のツール」です。

「話し合い」が起こる場面であれば、
学校でも、家庭でも、自分一人のためでも、
さまざまな場面で、活用することができます。

この本の中では、職場での「話し合い」に焦点を当てながら
グラフィックファシリテーションについて、ご紹介しています。

その理由は、職場での「話し合い」は、
競争に勝つために近道しようとしたり、
役割に縛られて本音の共有が少なくなってしまったり、
とかく、窮屈でつまらなくなりがちだからです。

本来「話し合い」は、もっと自由で楽しいものではないでしょうか?

グラフィックファシリテーションは、
「正解のない問い」や、
「簡単には答えが見つからない問い」を話し合う時にこそ、
力を発揮します。
絵や色を使って話し合いの様子を「見える化」することで、
みんなで語り合い、一緒に探究する楽しさや面白さを実感させてくれます。

この本を通じて、皆さんの生活にあるさまざまな「話し合い」が、
ワクワクする未来を創り出す「はじめの一歩」になることを願っています。

時には自分自身との対話を、
時には大切な家族との話し合いを、
時には学校や職場での話し合いを、
日常のたわいない一場面を“自分自身で面白くしていくツール”として、
身につけてみてください。

一般社団法人グラフィックファシリテーション協会 代表理事
株式会社 しごと総合研究所 代表取締役

山田夏子 

この本での旅のしかた
ここでは、この本で学べることを地図のように表現しています。
気になった部分から開いてみても良いでしょう。
あなたの気持ちが湧きあがる部分こそが
あなたの「グラフィックファシリテーション」のはじまりです！
1
グラフィック
ファシリテーション
って何ですか？
2
「主体的」について
探っていきます。
3
「目的」について
改めて考えましょう。
大切！
グラフィック
ファシリテーションの
メカニズム！
目的
ゴール
目標
4
何を描いたら
よいでしょうか？

6
「描く」ときに
大事にしたいこと。
7
色づかいや
レイアウトについて。
10
グラフィック
ファシリテーションが
これからの世界に
できること。
5
さあ、
描いてみましょう!
どうやって進めるか
「流れ」がわかる!
8
9
ファシリテーター力を
鍛えましょう!

グラフィックファシリテーションの教科書　目次

CHAPTER 1

グラフィックファシリテーションを知ろう

CHAPTER 2

「主体的」に参加できる「場」にするには?

CHAPTER 3

話し合いや会議を良くするために「目的を握る」

特別レッスン

グラフィックファシリテーションのメカニズム（大切なポイント）

CHAPTER 4

グラフィックに何を「描き」出しているの？

CHAPTER 5

グラファシをとにかくやってみよう!

CHAPTER 6

「描く」ときに大切なこと

CHAPTER 7

誰だってグラファシできる!

CHAPTER 8

グラフィックファシリテーションの進め方

CHAPTER 9

ファシリテーターの「あり方」

CHAPTER 10

未来を創るグラフィックファシリテーション

装幀　新井大輔
協力　三浦たまみ
本文デザイン　中島里夏(装幀新井)
校正　鷗来堂
DTP　内藤富美子(北路社)

CHAPTER 1

グラフィック
ファシリテーションを
知ろう

#001

グラフィックファシリテーションって何?

▶▶▶「見える化」することで、「話し合い」をより豊かで面白いものに変えてくれます。

「グラフィックファシリテーション」は、
言葉では伝えきれない思いや雰囲気を
絵や線を使って共有することで、
共感を生み、
話し合いを活性化し、
自ら動き出したくなる
エネルギーを
作り出してくれます。

絵が苦手でも大丈夫!
話し合いの可能性を
一緒に探求していきましょう!

絵が苦手でも、大丈夫!!

グラフィックファシリテーションは、名前に「グラフィック」とつくことから、「絵が上手くないとできないよね…？」と思われがちですが、そんなことはありません！

グラフィックファシリテーションは、「きれいに描いた絵」が成果物ではなく、**話し合いのプロセスの中で「活性化や共感、エネルギーをどれほど生み出せたか」といった「場」が成果物です。**

たとえば、鼻がムズムズした時に、ティッシュを使って、思い切り鼻をかむとスッキリしますよね。グラフィックファシリテーションで描いた紙は、いわば、そのティッシュと同じです。

話し合いや会議の参加者が、なかなか表に現せない胸の内や、ムズムズした心情を、鼻をかむように思いっきり出しきるために描きます。鼻をかんだ後のティッシュを、大事にとっておく人はいませんよね。同じように、**描きあがったグラフィックがきれいかどうかよりも、参加者が思いっきり話せたか、が大事**なのです。

さぁ、話してくれている目の前の人に好奇心を向け、感じたままに描き出してみましょう！　何が、相手のアイデアや気づきのきっかけになるかはわかりません。楽しんで描き出すことからやってみましょう！

お話ベタでも大丈夫!　話し上手より、聞き上手が大事

「ファシリテーション」と聞くと、人前でキビキビと話し、場を仕切り、お話上手で司会進行ができる人でないとダメだと思っていませんか？

そんなことは、ありません！

グラフィックファシリテーションの場合、お話上手よりも、聞き上手が大事です。相手の話をどれだけ誠実に聴こうとすることができるか？　これが一番大切なのです。

人前でしゃべるのが苦手な人でも大丈夫！　むしろ、ファシリテーターは、でしゃばって質問したり、むやみに介入したりせず、**話し手に寄り添って、そっと絵を描いているほうが参加者のため**になります。

なぜなら、ファシリテーターがしゃべればしゃべるほど、参加者が話さなくなってしまうからです。ファシリテーターに任せておけばいいかと自ら考えることを放棄してしまうことだってあります！

グラフィックファシリテーションは、参加者同士で語り合うことを後押しするものです。**参加者のマイクを奪わず、参加者同士の発言から気づきが生まれていくよう、話している人の「声」をどんどん描いていきます。**
ファシリテーターではなく、描いた絵が「場」をファシリテートすることを目指しているのです。

「ファシリテーション」の意味を押さえよう！

この本の土台となる「ファシリテーション」の考え方について、押さえておきましょう。「ファシリテーション」を直訳すると「促進する」という意味です。では「何」を促進するのでしょう？
ここでは、**話し合いや会議の参加者が「目的」を自覚し、参加者が主体的に「場」で話し、主体的に決められるよう促進していくことを「ファシリテーション」**と呼んでいます。

「主体的に場で話す」とは、参加者がはっきりと目的を持って、話し合いや会議に参加し、自ら話したいと思って話すことです。「自分のやりたいことだ」「自分の話したいテーマだ」と思っていると、参加者は意欲的に場に関わります。

「主体的に決める」とは、参加者が心から納得し、自分で決める（合意する）ことです。自分で意志を持って決めることができると、人はエネルギーが湧き、主体的に動き出すことができます。

参加者が、自分の意志を持って参加し、話し、決め、動き出したくなるように促していくのが「ファシリテーター」です。

この本では、**参加者の主体性を育むための、グラフィックを活用した「ファシリテートのやり方」や「ファシリテーターのあり方」について**、お話しします。

#002

豊かで面白い！ 「良い」話し合いって？

▶▶▶ 参加者が「場」を「自分ごと」としてとらえ、安心して自由に発言している状態です。

参加者全員が、
「話し合いをする意味」と「参加する意味」に納得していると、
話し合いや会議は「良く」なります。
安心して自由に発言でき、自分で決めることへとつながります。

「良い」会議や話し合いって、どんなイメージ？

話し合いは会議の「場」がどうなっていたら「良い」と思いますか？
「場に活気があふれている」「誰もが安心して率直に話せる」「次のアクションに向けて、全員が気持ちよく合意できている」。それぞれにイメージが浮かびますが、「良い」話し合いや会議ができているとき、実は２つの共通点があります。

話し合い（会議）をする意味に参加者全員が納得

「なぜ、**その話し合いをするのか（会議のWhy）**」を理解し、心から納得している。「この話し合いは必要だ」「開催する意味のある会議」と、場の開催そのものを自分ごと化している。

自分が参加する意味に参加者全員が納得

「なぜ、**自分が参加するのか（個人のWhy）**」に納得し、腑に落ちている。「自分のやりたいことだ」「自分が参加する意味がある場だ」と、場への参加を自分ごと化している。

絵があると、会議や話し合いはどう変化するの？

▶▶▶ 言葉にならないニュアンスや手触り感が「表現」され、共有できるようになります。

グラフィックファシリテーションは
人がまだ「自覚できていない領域」を描きます。

本人も無自覚な領域を描き出すことで
気づきや共感をもたらします。

描くことで、「共有」される範囲が広がる

人が語ることは、本人が自覚している要素だけで成り立っていません。
人が言語化できるほど「自覚」している要素は、自分の中のごく一部です。本人が無自覚な要素も、「意見」や「主張」を一緒に形づくり、表現しています。

無自覚な要素とは、声のトーンやテンポ、表情などから感じとれる「背景」や「内に秘めた想い」。あるいは「潜在意識」や、本人にとって当たり前すぎて、言葉にはしていなかった「価値観」や「暗黙知」などです。

グラフィックファシリテーションでは、これらを感じとってグラフィックに描き出すことで、本人や周りの人がお互いに無自覚な要素を自覚し、共有し合えるようにしています。

「絵」は参加者の心に響き、周りの人へ共感を広げる

絵は、頭で理解する範囲を超えて、ハートで感じとる部分にはたらきかけます。そのため、話している本人だけでなく、聞いている周りの人の心にも響き、共感が広がり、自分ごととして感じることができます。

みんなで想いを馳せたり、共に感じ入ることで、みんなで一緒に何かを生み出すことへと、つながっていくのです。

グラフィックファシリテーションを行うと、「場」の参加者は、絵や色を使って紙の上に「描き出された声」を眺めることで、「自分たちに響くものは何か」「何が、自分の心を揺さぶるのか」と、場に現れた「声」をじっくりと味わい、感じ入ることができます。

場の声を、参加者全員がじっくりと味わってから「選び」「深め」「広げる」ことをくり返すことで、参加者が自ら考え、動きたくなることを後押しします。

「絵」は、本人の気づきの「きっかけ」に

描くことで、参加者の「胸の内」や「頭の中」といった、普段なかなか表に出しにくい本音や心情、周りの人に説明しにくいニュアンスや雰囲気までもが「見える化」されます。

それによって、自分たちにとって本当に大事なことについて気づくきっかけや、背景を話し合い、理解し合うきっかけをつくるのです。

かといって、ファシリテーターが描くことで、参加者の内面を無理に引き出したり、本質的なことに導いてあげるものではありません。

ファシリテーターは、参加者にそっと寄りそい、絵で話し手の心情や言わんとしていることを「反映」し、参加者本人が「自ら」気づく「きっかけ」をさりげなく提供しています。

「場」の主役はファシリテーターではなく、参加者!

「目的」についてはCHAPTER 3以降で詳しくお伝えしますが、「良い」話し合いや会議を実現するために、最初にファシリテーターに意識してほしいことは、「場」の主役は、「ファシリテーター」ではないということです。

場の主役は、「参加者(話し手)」です。

ファシリテーターや主催者は、張りきってしまいがちですが、**主役である参加者が「話し合いの必要性を感じていない」「自分がなぜ、この会議に呼ばれているのかわからない」状態だと、ファシリテーターや主催者がいくら頑張っても、「良い」会議や話し合いの場にはなりません。**

ファシリテーターや主催者が、頑張るほど、参加者は「自分がやらなくてもいいんだな」「これは“あの人の”仕事なんだ」と、その「場」を「他人ごと」に感じてしまうのです。

「絵」が、その「場」をファシリテートする

グラフィックファシリテーションは、場の主役である参加者が「他人まかせ」にならないよう、「グラフィック」を使って、話し合いや会議を進めていきます。
“ファシリテーター”という**「人がファシリテート」するのではなく、「絵がファシリテート」する**ことを目指しているのです。

参加者の話している様子をリアルタイムに描くことで、場の「今の状態」を鏡のように映し出し、「その“絵を見た参加者”が、“自分自身で”無自覚だった要素に気づく」ことを促します。
それが「絵がファシリテート」するということです。

「良い」話し合いや会議を実現したいと願い、それに向けて参加者を「ファシリテート」したいのであれば、**ファシリテーターが一人で背負いすぎないこと！**

参加者自身が「なぜ話す必要があるのか？」と「なぜ自分が参加する必要があるのか？」を納得できるよう、描くことで支援しましょう。

#004

「議論」と「対話」の違いって何？

▶▶▶「議論」は結論を出すありき。「対話」は背景を理解し合うことを大切にします。

ファシリテーターは、
話し合いや会議の「場」がどうなっているかにアンテナを張りましょう。
話し合いや会議を「良く」するには
「議論」ではなく「対話」にしていく必要があります。

議論の目的は、結論を出すこと

「議論」は、結論を出すことが前提になっています。「結論を出す」ため、たとえ参加者が納得していなかったとしても、話し尽くさず、結論を出すことに急ぎがちになります。
そのため、後から「本当は、こうしたかった」「そもそも良いと思ってなかった」と、ちゃぶ台返しが起きることもあるのです。

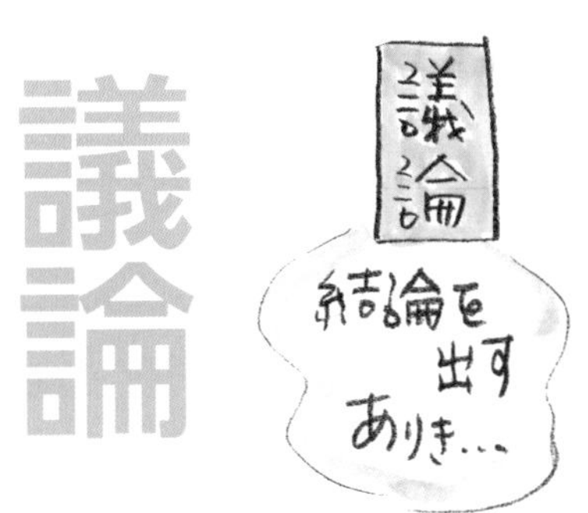

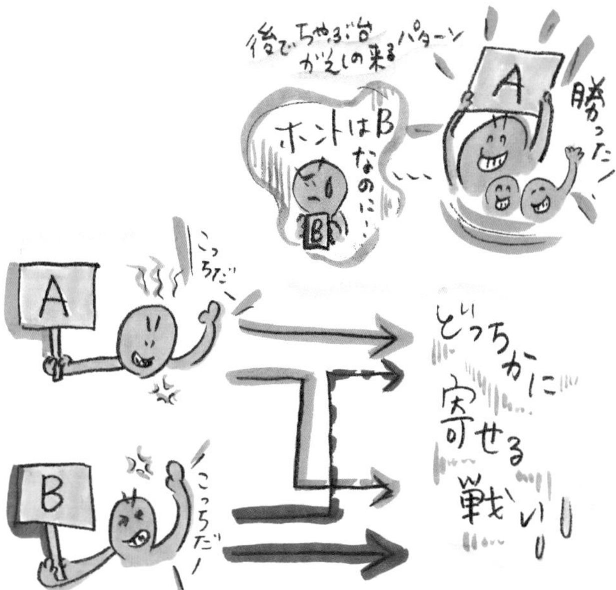

「議論」とは

「議論」は、結論を出すことがありきの話し合い。
AかBか、自分の意見を主張し、相手を説得するための材料を集め、論破するための戦いがくり広げられます。

対話は結論に固執せず、背景を理解し合う

「対話」は、結論を出すことに固執しません。話し合いや会議の参加者が、**お互いの意見や主張の「背景」を深く理解し合うことを大切にします。**

背景を深く理解し合った結果として、主張し合っていた参加者同士が、お互いにとって「新しい解」を見出せる可能性があります。

「対話」とは

「対話」は、お互いの背景を理解し合うための話し合い。
「なぜ、この人はAもしくはBと主張しているのだろう?」と、それぞれの背景に興味を持ち、話すことで、結果的に両者が理解し合い、納得する結論にたどり着くことができます。
「対話」は「1対1」で行うものと思われがちですが、話し手や参加の人数は問いません。

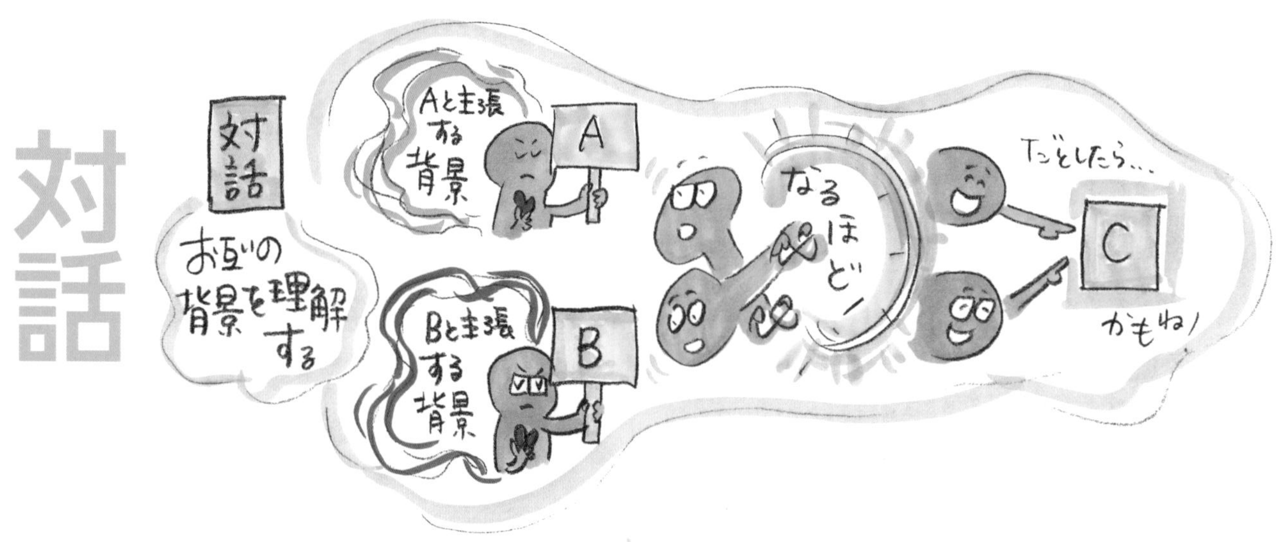

「対話」を経て決めることで、「主体的な合意形成」ができる

ファシリテーターは、急いで結論を出そうと焦ってはいけません。まず、参加者同士が、お互いの背景を深く理解し合うことが必要です。**「議論」を「対話」の次元に深めてから「決める」。そのプロセスが、参加者の主体性の鍵**となります。

しかし、言葉だけが飛び交うと、頭では理解できても納得できない「議論」に終始することが多くなり、理想の合意形成にはたどり着けません。

また、「対話」のために、いったん結論を出すことを手放しても、「議論」に慣れている人は相手の話を待てず、耳を傾けられなくなりがちです。
グラフィックファシリテーションは、話し尽くさずに「ともかく結論を出したくなる」ことに待ったをかけ、意識的に「対話」に居とどまるために「グラフィック」を使っています。「対話」を経てから決めることで、参加者の主体的な合意形成を叶えるのです。

主体性や理想的な合意形成、「描く」効果については、CHAPTER 2から詳しくお伝えしていきます。

コラム
column

グラフィックファシリテーションとグラフィックレコーディングの違い

▷「グラレコ」と「グラファシ」は、同時進行で話を描くところは、よく似ています。それぞれの特徴を、簡単にお伝えします。

◯グラファシもグラレコも、スクライビングの一種！

みなさんは、「グラフィックレコーデイング」や「マインドマップ」「スケッチノーティング」といった言葉を聞いたことはありますか？　描くことはもちろん、ノート術やアイデアプランニングなどに興味のある方には、耳馴染みがあるかもしれません。

実は、これらはすべて、グラフィックファシリテーションと同じく、絵や文字を使って可視化する技術「スクライビング」の一種です。

アーティストであり、世界的に認められているスクライビングの実践者ケルビー・バードのまとめより「スクライビング」について、簡単にご紹介します。

「スクライビング」は、1970年代初頭、カリフォルニア州のベイエリアで取り入れ始めた、現代的な可視化の手法です。一般的には、絵やマップ、図やモデルを通じて、未知のものを明らかにする行為と定義されています。

「スクライビング」には、さまざまな種類があります。いずれもリアルタイムで描写するのは同じですが、アプローチの仕方が少しずつ異なります。

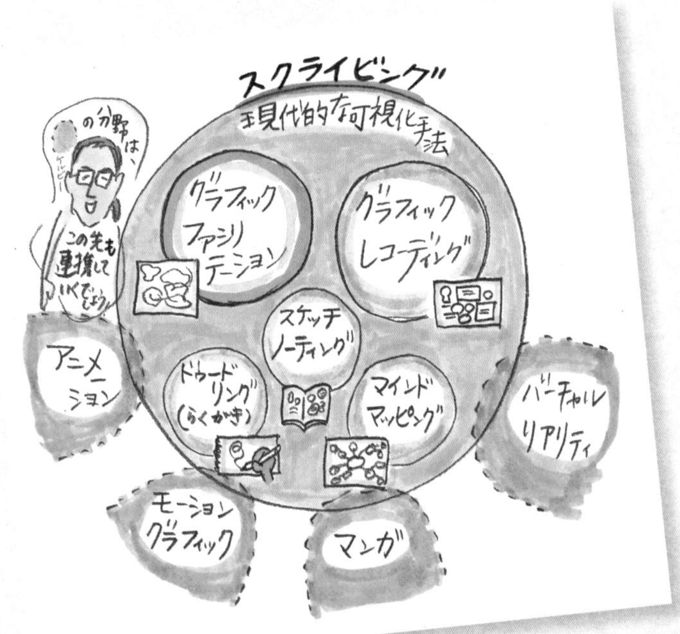

出典：『場から未来を描き出す――対話を育む「スクライビング」5つの実践』ケルビー・バード、山田夏子／監訳、牧原ゆりえ・北見あかり／訳（英治出版）から抜粋および図化

◎グラファシとグラレコの違い

両方とも名前に「グラフィック」がつくことから、違いがわかりにくいのが、「グラフィックファシリテーション」と「グラフィックレコーディング」。それぞれの特徴を知り、あなたが臨む「場」の目的を見極めて取り入れてください。

通称「グラファシ」

グラフィックファシリテーション

組織やコミュニティー内の共通認識を円滑に生み出す手段として誕生。
「場」の内側にはたらきかけ、未来創造や社会変革を促す参加型のソーシャル・アート。

「拡散」や「場の活性化」をしたいときに向いています。

たとえばこんなとき…

- 新しいアイデアを生み出したい
- いろんな背景を深く理解し合いたい
- チームビルディングをしたい
- 参加者のやる気に火を付けたい
- 組織を活性化したい
- 自由に想像し、発想を広げたい
- 新たな関係性を創造したい
- 仲間と一緒に未来を描きたい

成果物は「場」

絵や色、線のゆらぎを使ったファシリテーションで、「場」がどれだけ活性化し深まったかが、重要！

通称「グラレコ」

グラフィックレコーディング

通常、言葉と絵を対にして描いていく方法で、話を内容通りに書き取ったり、配置する。
スケッチノーティングやドゥードリング（らくがき）、マインドマップなどが派生。

「記録」や「話の整理」をしたいときに向いています。

たとえばこんなとき…

- チーム発表の内容を1枚にまとめたい
- 講演内容を絵を使ってまとめわかりやすい議事録にしたい
- 複雑で難解な内容を、図解し、わかりやすく説明したい
- シンプルに整理した内容をWEBサイトや資料に掲載したい

成果物は「絵」

図解やフレーム、チャートなどを使って整理し、見やすく、わかりやすくまとめてあるかが、重要！

CHAPTER

2

「主体的」に参加できる「場」にするには?

#001

「主体的」ってどういうこと?

▶▶▶ 周りから強制されるのではなく、自らの意思で目的を持ち、行動することです。

短い時間で早く決めたとしても、
参加者が自ら動き出そうと
「主体的」になっていなければ、
話し合った意味はなくなってしまいます。

話し合いを「良く」するのは、参加者の「主体性」にかかっている！

たとえば職場で、こんなやりとりを耳にしたことはありませんか？
「先週の会議で決めたアレって、どうなりましたっけ？」
　　…しーん…
「えーと、たしか、○○さんがやってたかな？　いや、□□さんだったっけ？」
　　…しーん…
「もしかしたら誰もやらずに、そのままになってしまっているかもしれないですね…」

せっかく話し合ったのに、決めたことが実行されていない。話し合いや会議の参加者が、誰も「自分がやることだ」「自分がやろう！　やりたい！」と思っておらず、何も進んでいない。

たとえ短い時間で効率的に決めたとしても、これでは、話し合いや会議をした意味がないと言わざるを得ません。「場」の参加者が「客体」になっている状態、つまり**「参加者が主体的になっていない」から、起きてしまう現象**です。

【主体】
「作用する側」
のこと

【客体】
「作用される側」
のこと

参加者が「場」を「自分ごと」としてとらえることが大事！

「良い」話し合いや会議は、参加者一人ひとりが「これは、自分の話したいテーマだ」「私が参加したいことだ」「自分のやりたい仕事だ」と、**自分に関係がある「場」だと思って参加しています。**

だから、本音で話し、率直に言い合うことができるのです。遠慮や忖度、義務感の気持ちから参加していては、本質的な話し合いをすることは、なかなか難しいでしょう。
参加者みんなが本音で意見を言い合い、お互いの背景に耳を傾け合い、理解し合うからこそ、最終的にみんなで納得して決めることができます（合意を形成できます）。これを**「主体的な合意形成」**と呼んでいます。理想的な合意形成と言えるでしょう。

心から納得して決めることができると、人は、自ら働きかける「作用する側」として、意志と意欲を持って、主体的に動き出すことができます。

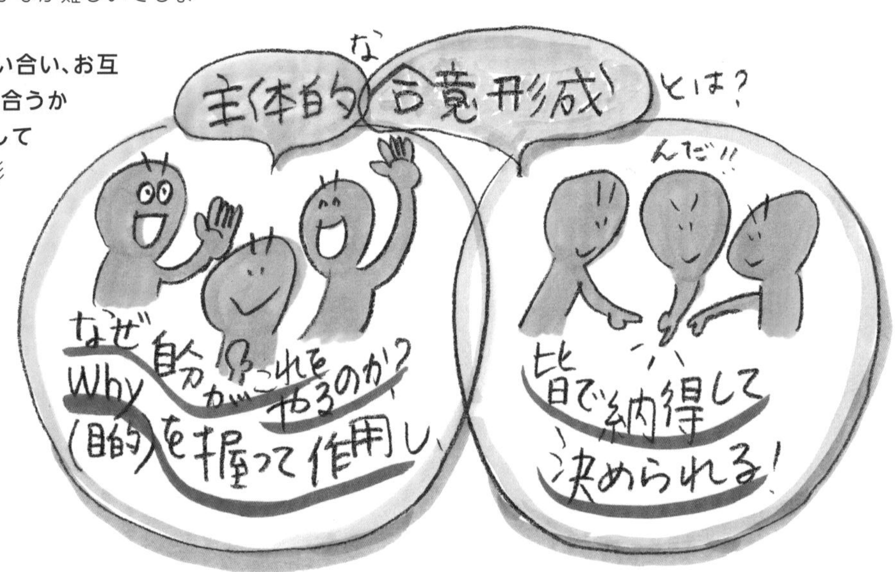

グラフィックファシリテーションは、主体的な合意形成を後押しする

グラフィックファシリテーションは、話し合いや会議に参加している人が、話し合われているテーマや内容を「自分ごと」としてとらえ、自らの意思で「話したい」と思う「場づくり」をしています。

参加者が話したくて話した結果、さらに「こうしたい！」「こうしよう！」と、**自らの意欲や意思、やる気を出して決めるまでのプロセスに伴走するのが、グラフィックファシリテーションです。**

「場」を見える化することで立ち止まり、一緒にその意味を考えることで「自分ごと化」につなげていきます。

「主体性」が失われる理由は、たくさんある

話し合いや会議の参加者も、好きで「主体性」をなくしているわけではありません。
一つひとつは些細な出来事ですが、自分の意欲をそがれるような経験が積み重なり、だんだんと主体性を失ってしまうのです。

主体性を取り戻すには、参加者自身が、改めて自分の胸の内や頭の中に意識を向け、本人が自分の本当の気持ちや感覚を思い出す必要があります。

ファシリテーターは、話し合いや会議に参加している人の発言だけではなく、様子や雰囲気をも描き表すことで、本人に本当の気持ちや感覚を気づかせます。

たとえば職場だったら、上の絵のような経験が積み重なって、働く一人ひとりの主体性が失われる要因になっているかもしれません。遠慮や忖度が働いたり、真面目がゆえに自分の気持ちは脇におき、役割を果たそうとする文化や風土が影響することもあるでしょう。

主体性を失っていることで起きてしまう…！
職場での会議や話し合いの「こんな状況」

職場での会議や話し合いは、
遠慮や忖度、真面目さなどで主体性を失いやすくなります。

職場での会議や話し合いでよく見る状況を３つ、
例として挙げてみましょう。

主体性を失っているがゆえに起きてしまう…！ 職場の「3大?! 会議あるある」

①誰もやりたがらず、無言で、押しつけ合う

たとえば、こんなときに起きる…

- 本人の意志とは関係なく、命令や依頼のままに集まっているとき。
- 意見を出すと、すべての責任を背負わされてしまいそうなとき。
- 余計な仕事や面倒を引き受けたくないあまり、守りの姿勢で消極的になっているとき。

②「何を言ったか」でなく「誰が言ったか」を重んじる

たとえば、こんなときに起きる…

- 上下関係や利害関係、多数派に左右され、その場の「大きな声」を優先しているとき。
- 自分の思いや考えを脇に置き、自分の主体性に自らフタをしているとき。

③発言者や企画立案者、担当者に任せっぱなし

たとえば、こんなときに起きる…

- 自分がやらなくても、誰かがやってくれると思っているとき。
- メンバー内で、その仕事に対する責任感や実行意欲に大きなギャップが生じているとき。

①誰もやりたがらず、
無言で、押しつけ合う

②「何を言ったか」でなく
「誰が言ったか」を重んじる

③発言者や企画立案者、
担当者に任せっぱなし

#002

どうしたら「場」の参加者が、主体的になるの？

▶▶▶ 参加者が「ぜ〜んぶ出しきった！」と思うくらい「拡散」することが大切です。

参加者本人が、じっくりと自分の中に意識を向けて
「拡散」をすることが大事。

ファシリテーターは「まとめません」。
「参加者自身がまとめ、決める」ことで、主体性が育まれるのです。

参加者の「拡散」を促すために、「絵」を使う

話し合いや会議は、「拡散」の後に「収束」へ向う流れがあります。参加者が意見を出したり、それぞれの思いを語るのは「拡散」の段階です。**参加者が主体性を取り戻すには、本当の気持ちや感覚を思い出す必要があります。**

それには、**「拡散」の段階で、本人がじっくりと自分の胸の内や頭の中に意識を向けることが、大切に**なります。

絵が「拡散」を後押し

絵や色、線のゆらぎによって、参加者の心情や、発言の背景を描くことで、参加者同士の共感を呼び、心を動かす場の「活性化」の後押しができます。

ニュアンスを見える化することで、インスピレーションやアイデアが湧くことに、ドライブをかけます。

図が「収束」を後押し

図解やフレーム、チャートによって、参加者の発言を「構造化」し、まとめることで、参加者の整理を後押しします。

物事をシンプル化することで、明確にし、意思決定や合意を助けます。

「主体的な合意形成をする」には、まず十分な「拡散」が必要

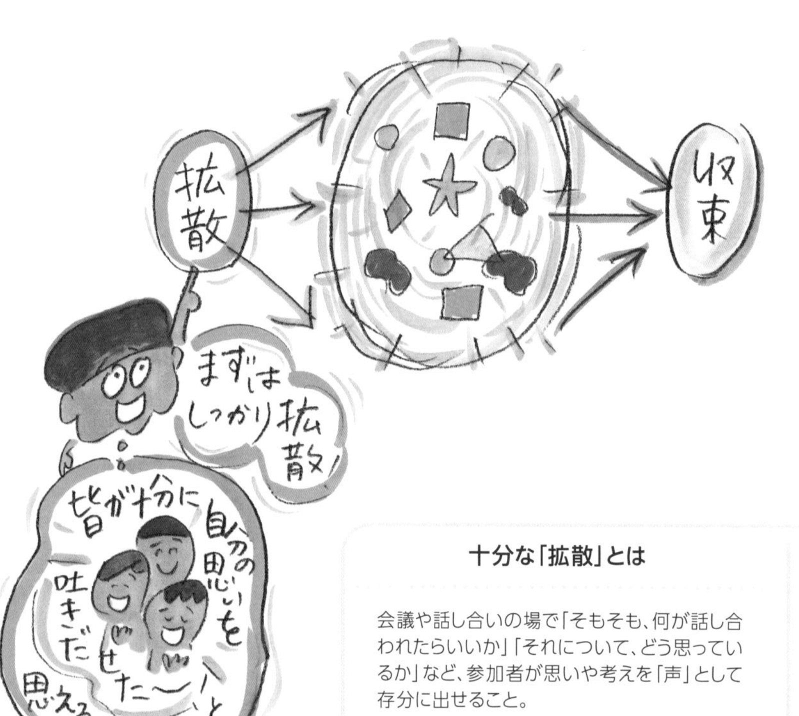

話し合いや会議の参加者が主体的になるには、まず、十分に「拡散」する必要があります。

参加者が「胸の内や頭の中を出しきって」から、決める（合意する）。つまり、**十分な「拡散」があって初めて、参加者は納得した「収束」を迎えることができ、主体的な合意形成をすることができる**のです。

十分な「拡散」とは

会議や話し合いの場で「そもそも、何が話し合われたらいいか」「それについて、どう思っているか」など、参加者が思いや考えを「声」として存分に出せること。

固定観念や思い込みの「枠」、役割を背負った「義務感」、利害関係の「遠慮」をはずし、言いにくいことも含めて出し切った状態が、十分な拡散。

納得した「収束」とは

参加者が、出し切った「拡散」を俯瞰し、その中から自らの気づきに基づいて整理し、まとめること。複数のまとめ事項があれば、優先順位をつけ、「自分自身で決定」します。

参加者が自分自身で「構造化」し、決める（合意する）からこそ、「主体性」が高まって実行する意欲が湧き、行動の原動力となる。

「構造化」こそ、参加者にゆだねることで、主体性に火をつける！

グラフィックファシリテーションでは、参加者の発言の取捨選択や評価判断、整理や構造化をせず、話し手のニュアンスそのままに、どんどんグラフィックに描いていきます。

参加者は、自分の話している雰囲気や心情までもが描かれることで、「自分の声が受けとめてもらえた」「何を言っても大丈夫なんだ」と安堵し、心理的安全性が高まることで、一層「拡散」が後押しされるのです。

「収束」するタイミングや方向性の見極めには要注意！　**ファシリテーターが結論を急ぎ、焦って収束すると、参加者は「コントロールされている感覚」になり、**育ち始めた参加者の主体性が、再びそがれてしまいます。

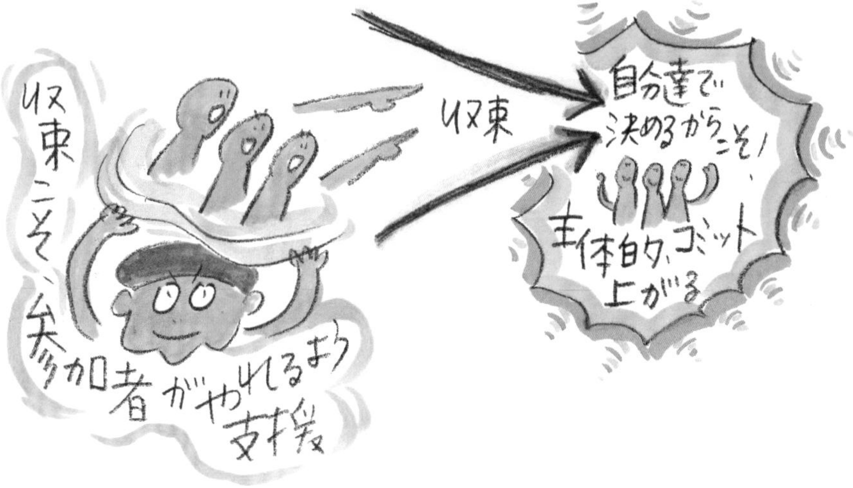

参加者が、自分自身で構造化し決める（合意する）からこそ、「主体性」が高まり、実行する意欲が湧き、行動の原動力となるのです。ファシリテーターがまとめるのではなく、「構造化」こそ参加者にゆだねましょう。

グラフィックファシリテーションを導入した企業に聴きました その1

▷「職場で深い対話をしたい」「働くメンバーと共に、仕事の原点を思い出す取り組みをしたい」と始まった製薬企業の「インサイトフル・ペイシェントジャーニーマップ」活動をご紹介します。

◎患者さんを感じ、寄り添って、薬をつくりたい

数年前に、ある製薬会社さんから「日本版のペイシェントジャーニーマップを描いてほしい」と依頼されました。ペイシェントジャーニーマップとは、一般的に「患者さんの病気の症状が、薬を飲むことによって、どのように軽減し、治っていくのか」の経緯を、マップとして図に示していくものです。海外ではよく、薬を売るためのマーケティング手法としても使われます。しかし、この時の依頼の趣旨は、そのどちらでもありませんでした。

「患者さんが本当に求める薬をつくりたいので、“疾患としての理解”でなく、“精神的な辛さや心の痛み”をしっかりと理解し、寄り添いたい」というものでした。

そこで、グラフィックファシリテーションを使った患者さんとの対話会を開きました。製薬会社のみなさんの前で、病気にかかったことで感じた、さまざまな思いを患者さんに話してもらいます。製薬会社のみなさんは患者さんの話に深く聴き入り、語り手の話と聴き手の気づきや感想が、まるで一枚の布を織り成すように紡がれていきました。
グラフィックファシリテーションをする私は、聴き、感じ取ったことを絵や線や文字を使って、大きな紙にグラフィックとして表現していくのですが、涙なくしては描けない対話でした。

対話会の最後は、語り手や聴き手といった垣根なく、その場にいるすべての人が、患者さんの気持ちに寄り添い、自分の経験や記憶の中にある痛みや孤独、くやしさや無力感といった「痛み」を呼び覚ます時間となりました。

○スタッフの働く意識が、変わった

翌日、私のもとに、その製薬会社の担当部門のトップの方から電話がありました。
「夏子さん、私たちの仕事の内容は昨日までとまったく変わっていないのに、スタッフの働く背中が、全然違うんです。患者さんが生きる意味を語ってくれたことで、私たちは自分たちの働く意味に改めて気づかされ、そして"自分自身で、働く意味を確信できた"のだと思います」。

私は、"自分自身で、働く意味を確信できている"状態のことを「自分の働く意味を"握る"」と表現しています。

「なぜ自分は製薬会社に勤めているのか？」
「どうして自分はこの仕事をしているのか？」
「この仕事の先に見たい未来は何か？」
「何を実現したくて、売れる商品を開発し、販売するのか？」
その製薬会社のみなさんは、患者さんとの対話を通して、いくつもの問いかけが自分自身の中に湧き上がり、それをその場にいるみんなで対話をしたことで、「自分の働く意味を"握る"」はもちろん、「チーム全員で、自分たちの働く意味を"握る"」状態になったのだと思います。

「自分たちの働く意味を"握る"」

私たちが、職場や仕事の中で「議論」ではなく「対話」をする意味は、突き詰めていくと、これに尽きるのではないでしょうか。

今、日本版の「インサイトフル・ペイシェントジャーニーマップ」の活動は、さまざまな製薬会社に広がっています。

CHAPTER

3

話し合いや会議を良くするために「目的を握る」

#001

「目的を握る」って、どういうこと?

▶▶▶「なぜ、それをするのか?」の答えを、自分自身ではっきりと自覚している状態です。

話し合いや会議の「目的」を握ると
「今、場がどういう状態か」を判断する「基準」が、明確になります。

参加者自身が、場の状況を見極め、
「良い」方向になるよう、自ら行動できるようになります。

「目的を握る」とは、自分の「軸」や「判断基準」が明確になっている状態

「目的」は「なぜ、それをするのか？」の答えです。

「目的を握る」とは「なぜ、それをするのか？」の答えを、自分自身ではっきりと自覚していること。**答えが明確になっていて、自分の行動の「軸」や「判断基準」として掴んでいる状態を指します。**

目的を握っていないと、自分の「軸」や「判断基準」があいまいになり、周りに振り回されやすくなります。
人の主体性は「自分の意志を示す」「自分で決める」といった、自分自身の軸に基づく決定と行動のくり返しによって、育まれます。つまり「目的」は、主体性と表裏一体の関係なのです。

自分の主体性を発揮していくためには、同時に、自分の「目的」を自覚し、握ることが大切になります。

参加者みんなで、「場の目的」を握ることの効果

話し合いや会議の「目的」を握るという場合、次の２つの観点から問いが立ちます。

①「なぜ、その話し合いをするのか？」
②「なぜ、自分が参加するのか？」

参加者自身が２つの問いの答えをはっきり掴んでいると、「どのように場に関わるか」の「軸」が、一人ひとりの中で明確になります。

話し合いや会議の「目的を握る」とは

1 話し合い（会議）をする意味
なぜ、その話し合いをするのか？

2 自分が参加する意味
なぜ、自分が参加するのか？

参加者一人ひとりが、
2つの問いの「答え」を明確に掴んでいる状態。

話し合いや会議の「目的」を握ると、「今、場がどういう状態か」を判断する「基準」も明確になるため、場を「良く」するための行動を、参加者が自ら主体的に起こせるようになります。すると、一人ひとりが意思を持って場に関わるようになるため、自ら話し、決める「主体的な合意形成」へと、向かうことができます。

参加者みんなで「場の目的」を握ることで、場にエネルギーが生まれ、循環し、創造的な未来へつながるプロセスになっていくでしょう。

参加者みんなで、「場の目的」を握るための3つの問い

話し合いや会議の内容や性質、参加者の特徴によっては、参加者みんなで「場の目的」を握ることが難しい場合があります。

そんな時は、
「意義や理由を明らかにするための3つの問い」を使って、参加者みんなで目的を深めていきましょう。

たとえば、こんなとき…

- 中長期にわたって考え、取り組む必要がある話し合いや会議（例：働き方改革）
- 参加者にとってリアリティが少なく、具体的な実感を持ちにくいテーマの話し合いや会議（例：ビジョン策定）
- さまざまな立場や職種、世代など、多様な人が参加するとき

出典：『HOLACRACY（ホラクラシー） 役職をなくし生産性を上げるまったく新しい組織マネジメント』ブライアン・J・ロバートソン、瀧下哉代／訳（PHP研究所）
『ティール組織――マネジメントの常識を覆す次世代型組織の出現』フレデリック・ラルー、鈴木立哉／訳、嘉村賢州／解説（英治出版）より

「目的を握っていない」ことで起きてしまう…！職場での会議や話し合いの「こんな状況」

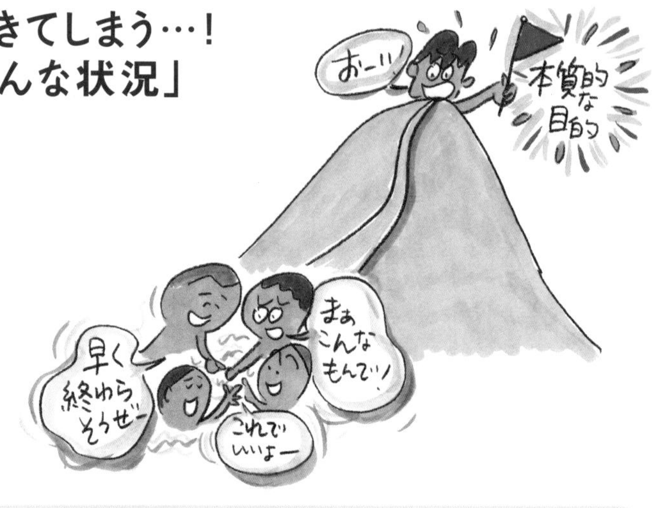

職場で、仕事の内容やゴールは示されても、
「目的」が明確に示されることは、意外と少ないものです。
そして「目的」は与えられるものではなく、自分に問い、
自ら見出し、掴むものでもあります。

仕事の目的は「なぜ、その仕事をするのか？」の答え。
目的を握っていないことで起きている職場での会議や
話し合いでよく見る状況を３つ、
例として挙げてみました。

「目的を握っていない」ことで起きてしまう…！ 職場の「3大?! 会議あるある」

①相手を論破し、言い負かそうとしてしまう

たとえば、こんなときに起きる…

- 自分の主張は正しく、思い描いている「結論」に、当然のごとく相手も行き着くべきだと思っているとき。
- 言葉の定義や知識の正確性、ロジカルさなど、言葉じりや言い方にとらわれ、お互いに「反応」し合っているとき。

②遠慮や忖度から、本質的な解決に至らない

たとえば、こんなときに起きる…

- 周りの意見や上司の顔色を窺い、本質的な解決を先送りしているとき。
- 保身にかられて見て見ぬ振りをし、本質的な話し合いに踏み込むことを避けているとき。

③目の前の都合の良さを優先し建前ばかりで、本音を出さない

たとえば、こんなときに起きる…

- その場しのぎの合意や、場当たり的な対応、言い訳をしていることに、本人が慣れきってしまい、無自覚になっているとき。
- 誰も、遂行する意思や責任を抱いていないとき。

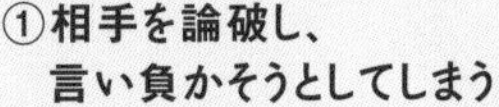

①相手を論破し、
言い負かそうとしてしまう

②遠慮や忖度から、
本質的な解決に至らない

③目の前の都合の良さを優先し
建前ばかりで、本音を出さない

#002

描くことで、参加者を「目的」に立ち返らせる

▶▶▶「なぜ主張しているのか」背景を見える化することで、議論を対話へといざないます。

「論破」の背景に寄り添い、描くことで
「なぜ主張し合っているのか」に気づき、
参加者が目的に立ち返ることを支援します。

「目的」に立ち返り、フラットに場を俯瞰できる「きっかけ」に

グラフィックファシリテーションは、話し合いや会議の雰囲気や様子を描くことで、参加者に「目的」を思い出させ、立ち返らせることができます。

たとえば、参加者が激しく主張を続け、場が一方的に硬直しているとき、ファシリテーターは、参加者の主張している雰囲気や表情を、**紙に絵や文字、色を使って「布置」します（そのまま置きます）**。

激しく主張している参加者は、描かれたグラフィックを眺めることで我に返り、自分が「なぜ主張しているか」「そもそも、なぜこの場があるのか」「なぜ、自分は参加しているのか」に、立ち戻ることができます。

場が見える化することで、「場」の様子や自分の姿、相手の主張やその背景をフラットに俯瞰する「きっかけ」をつくることができます。

「論破」から、お互いの「背景に興味を持つ」きっかけに

論破や表面的な主張のぶつかり合いが起きているときは、ファシリテーターは、場の「目的」を改めて示し、その人が「なぜ、そう主張しているのか」に耳を傾け、描きます。

論破は、相手が「自分と同じじゃない」ことに条件反射的な「反応」を起こしているために起きます。

相手の言い分に動揺して、頭ごなしに相手を言い負かそうとしたり、ムッとして一方的な評価や判断をし始めたら「反応」の現れです。
無自覚に「自分の主張のほうが正しい」と思い込んでいるために起きていることがほとんど。

そのままにしていては、攻撃的で的はずれな議論になってしまい、お互いに理解し合い、納得して合意することは難しくなってしまいます。

ファシリテーターが、論破しようとしている参加者の背景を描き、見える化していくことで、ぶつかり合っていた参加者同士が、お互いになぜそう主張していたのか理解を深め合う「きっかけ」にすることができます。

グラフィックで「議論」の様子を俯瞰することによって「違い」や「共通点」などに自分自身で気づき、その背景を理解し合う「対話」へと、無理なく踏み出すことができます。

#003

タブーを明らかにし、本質的な解決に踏み出す「きっかけ」に

▶▶▶ グラフィックでやわらかく見える化することで、参加者がタブーについて話しやすくなります。

話し合いや会議の場には、
暗黙のルールや
表立っては触れられない
「タブー」が
存在することがあります。

グラフィックの力で
タブーの箱の「フタ」を開け、
本音の話し合いへと
踏み出しましょう。

「タブー」の奥底に、本音や、本来の目的が隠れている

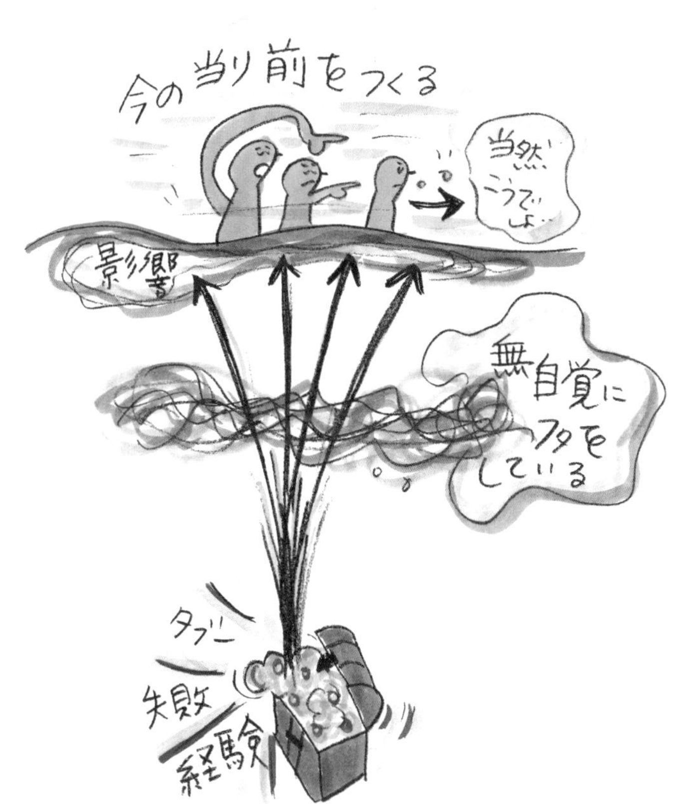

グラフィックファシリテーションでは、**「誰が言ったか」を描くことは重視せず、どんな雰囲気やニュアンスで、何が語られたかを描きます。**
参加者にとっても「無自覚なレベル」が可視化されるので、話し合いや会議の場に存在する**暗黙のルールや「タブー」が明らかになりやすい**です。

話したことがいったん「絵」になるため、言葉だけのやりとりでタブーに踏み込むよりも話しやすく、参加者みんなで、タブーに触れやすくなります。

タブーが生まれた背景を語り合う中で、意識の奥底にどんな本音や本質的な目的があるのか、自分自身を思い出し、取り戻すような「きっかけ」にすることができます。

「今まで保身でしか語ってなかったけど、自分の本当の気持ちを思い出した」
「なぜ、そうしたかったか、本来の目的を思い出した」

率直に話せない場面こそ、グラフィックを使ったファシリテーションが生きます。参加者が本来の目的を思い出し、**本質的な解決や前進に向けた、本音の話し合いに踏み出しやすくなる**のです。

#004

場の「目的」を握って、ファシリテートしよう!

▶▶▶ 場の目的を掴んでいないと、何を描いたらいいかわからなくなります。

ファシリテーターは、
「なぜ、その話し合いをするのか?」
「なぜ、そのメンバーが参加するのか?」に加え、
「なぜ、その場にグラフィックファシリテーションが必要なのか」も
場をファシリテートする目的として握りましょう。

「場の目的」は、何を描いたら「ファシリテート」できるかの「基準」

話し合いや会議をファシリテートするためには、ファシリテーターは場の目的を明確に握る必要があります。

目的を握っていないと「今、場がどういう状態か」を見極める「基準がない」状態になるからです。

参加者の話のどこを描き、何を見える化したら場が「良く」なるのか。参加者の主体性が育まれ、自分の意志を持って参加し、話し、決め、動き出したくなるのか。目的を握っていなければ、判断のしようがありません。

参加者が話したことの一言一句、すべてを描きとめることが不可能だからこそ、目的を握って「何を描く必要があるのか」を見極める必要があります。

CHAPTER 6 #003、CHAPTER 8 #001で、目的についてご紹介します。

ファシリテーターは、より深く「場の目的」を探求する

ファシリテーターは、場の「目的」を握るときに、次の「4つの観点」から「目的を握る」と良いでしょう。

①「なぜ、その話し合いをするのか？」
②「なぜ、このメンバーが参加するのか？」
③「その話し合いに、なぜ、グラフィックファシリテーションが必要なのか？」
④「その話し合いで、なぜ、私がグラフィックファシリテーションしたいのか？」

参加者の主体性を育むことを願うなら、ファシリテーター自身、自分の主体性を発揮していることが大切です。

そのためには、場の目的と、ファシリテーター自身の「グラフィックファシリテーションをする目的」との間に、一貫したつながりを見つけ、自分の中で十分にそのつながりを咀嚼し、自分に染みわたらせてから、当日に臨みましょう。

①〜④の「目的」について、ファシリテーター自身が腑に落ち、心から納得して、自分の言葉で答え、語れる状態になっていると、描くグラフィックが、より参加者に響くものになります。

ファシリテーターが握る話し合いや会議の「目的」とは

1 話し合い（会議）をする意味
なぜ、その話し合いをするのか?

2 そのメンバーが参加する意味
なぜ、このメンバーが参加するのか?

3 その場でグラファシをする意味
その話し合いになぜ、グラファシが必要なのか?

4 自分がその場でグラファシする意味
その話し合いで、なぜ、私がグラファシしたいのか?

ファシリテーターは3と4も押さえよう!

ファシリテーターは、真実の扉を開く

グラフィックファシリテーションは、「背景」や「内に秘めた想い」「潜在意識」など、本人が無自覚な要素を感じっとって描くことで、**人が主体性を発揮するために必要な「個人の内側」に存在する意欲や意識の源を揺り動かします。**
絵や色、線のゆらぎを使って表現することで、心にはたらきかけ、人の本音を引き出し、真実の扉を開きます。

一人ひとりが「働く意味」を見出し、主体的に自分らしく働くために、ぜひ活用してください。
次ページからは、職場での会議や話し合いの場におけるグラフィックファシリテーションに焦点を当て、グラフィックファシリテーションが、何を描き出しているのかを、紐解いていきます。

「主体性」や「目的」は、目に見えないから失われやすい

何かを決めたり、進める時、私たちは、目に見えているわかりやすい目標やゴールに向かって、最短でたどり着こうとしがちです。

特に、職場の会議や話し合いでは「深く対話をしてから合意する（決める）」プロセスを、省略しがちになってしまい、つい「上司は、部下に指示・命令するだけ」「部下は、上司から言われるまま」に、仕事に臨んでしまうのです。

しかし、トップダウンで他人から高い目標やゴールだけが与えられても、言われた本人の「目的」と合致し、腑に落ちなければ、高い目標やゴールを目指すエネルギー（＝主体性）など、湧くはずありません。

人が主体性を発揮するために、本当に必要なのは、個人の「純粋意欲」を源とした、その人自身の内側にある「目的（パーパス）」とつながる、ボトムアップ型のエネルギーです。

しかし「純粋意欲」も「目的（パーパス）」も、目標やゴールと違って目には見えません。そのため、職場でのコミュニケーションは、すれ違いや対立が生じやすく、主体的な合意形成をしにくいのです。

職場の「現実世界」に存在する目に見えるもの

目標　目に見える標（しるべ）。現状からゴールまでの過程に設定された、望む結果。ゴールまでの道のりを示す「メモリ」の役割がある。

ゴール　「現状の外」あるいは「現状以上」に設定された最終的に望む結果。期限がある。

ビジョン　目的が具現化された、ありたい姿。期限がない。

目には見えないが職場の「現実世界」に存在しているもの

純粋意欲※　「どう言葉で説明したらいいかわからないけど、無性に好き」「自分でも理由はわからないけど、やりたい」といった心の底から湧き上がってくる気持ち。個人の中には、無数の「純粋意欲」が存在する。

目的　「なぜ、それをするのか?」の答え。抽象度を上げ、より概念化した「目的（パーパス）」は、「存在意義」とも、表現できる。つきつめると、自分の欲求や望み。
目的（パーパス）が、「純粋意欲」から「目標」「ゴール」までを一貫するほど明確になると、より強いエネルギー（主体性）が湧き、人は自ら「行動」できる。

※日本人として初めてCPCC（Certified Professional Co-Active Coach）資格を取得し、CTIジャパンを創設した「よく生きる研究所」代表・榎本英剛さんが提唱。日本にコーアクティブ・コーチング®、コーアクティブ・リーダーシップ®の概念を最初にもたらした。
出典：『本当の仕事』榎本英剛（日本能率協会マネジメントセンター）

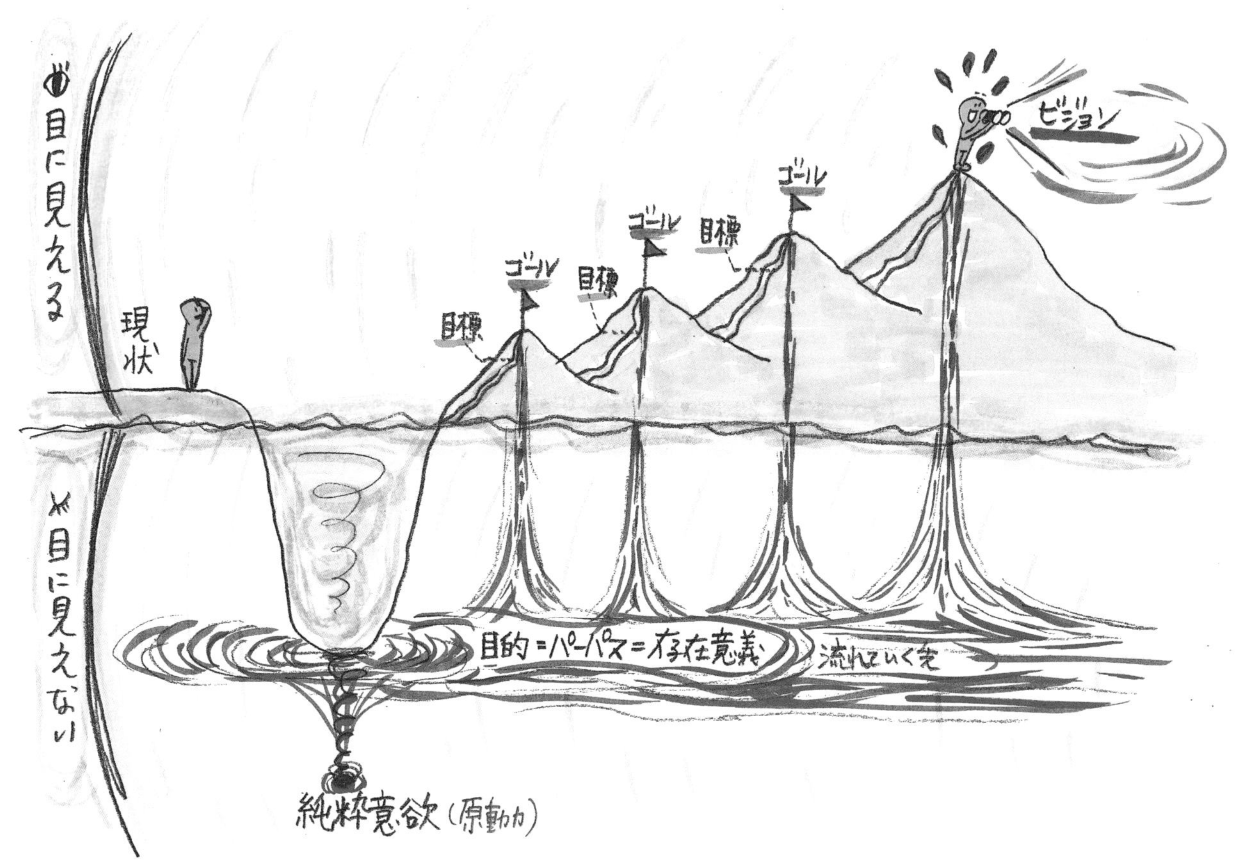
目に見える
目に見えない
現状
目標
ゴール
目標
ゴール
目標
ゴール
ビジョン
目的＝パーパス＝存在意義
流れていく先
純粋意欲（原動力）

上司の指示・命令

ゴール：「〇〇の達成を目指すぞ!」

目標：「いつまでに、〇〇をするように!」

上司から指示・命令された「ゴール」や「目標」が、
自分の「純粋意欲（原動力）」と、ひもづかない部下。

自分の「目的（パーパス）」とも、つなげて受けとめれられてないと、
実行に向けて行動するエネルギーは、なかなか湧いてこない。

個人の内側に存在する「純粋意欲」と「目的（パーパス）」は、
人が主体性を発揮するための重要な原動力にも関わらず、
目に見えないために失われやすく、他人と共有しにくいのです。

では、どうしたら良いのでしょう。

その答えは、**「見えるよう描き出してみる」ことです。**
目には見えないけれど、たしかに現実に存在しているのだから、
その存在を感じとり、描くことで「ビジュアライズ（視覚化）」し、
人と共有しやすくなります。

人と共有することで
自分自身でもあいまいだったものが
確かになるため、
見失いそうになったとき、
思い出しやすく
立ち返ることができます。

目には見えないけれど
現実世界に存在しているもの。
純粋意欲や目的（パーパス）の他に、
いったいどんなものが、あるのでしょう。

目には見えないけれど、「現実世界」に存在しているものって？

グラフィックファシリテーションは、目には見えないけれど、たしかに現実に存在しているものを感じとって、描くことで「ビジュアライズ（視覚化）」し、自分以外の人や、複数の人同士で共有しやすくしています。

話し合いの中で見え隠れする、参加者一人ひとりの「好き」「嫌い」「やりたい」「どことなく気が乗らない」など、**純粋意欲に紐づく感情や意志、目的（パーパス）に合致しているかどうかの感覚的な雰囲気をも感じとって描くことで、目には見えないけれど存在している現実を「見える化」し、明らかにして**いきます。

話されているテーマや内容だけでなく、**話し合いに臨んでいる人の雰囲気や心理状態をも、自分たちの「目で見られる」ようになるため、話し合いの「今」の状態を参加者自身が、自覚しやすくなります。**
そのため、主体性が刺激されやすい環境をつくるのです。

グラフィックファシリテーションが描き出す「目には見えないが、存在しているもの」は、アーノルド・ミンデル博士が生み出したプロセスワーク（プロセス指向心理学）の「3つの現実レベル」の考え方をベースにしています。

ミンデル博士が提唱したプロセスワークの「3つの現実レベル」

目に見える「現実」

合意的現実レベル

現実の中で、目で見て認識できる（顕在化している）段階になっているもの。数値、制度、仕組み、定量化、ファクトベースで作られた資料や起きた事実の説明など、すでに視覚化されているため、明確に示すことができる。

目には見えないが、存在する「現実」

ドリーミングレベル

言葉にできる段階に自覚できている感情や感覚。目には見えてないが、本人の意識の上に上がってきている心の内や想像、願いや恐れなど感じていること。企業として目指す世界観や思いを表したもの（企業理念、ビジョン、バリューなど）。

エッセンスレベル

まだ言葉にもなっていない直感的な感覚、目にも見えず、なんとも言いがたい段階の雰囲気や感覚。その人の意識に上る前の無自覚で、本質的な領域で、合意的現実、ドリーミングの源泉となる思い。文化や風土、暗黙知、本人すら感知してない潜在意識など。

※上記の表現および、以降の本書の中で示す「3つの現実レベル」に関する表現は、プロセスワークをベースとした「システムコーチング®（ORSC®）」での学びに基づいています。

ミンデル博士の研究では・・・

人は、「現実」を3つのレベルからとらえている!

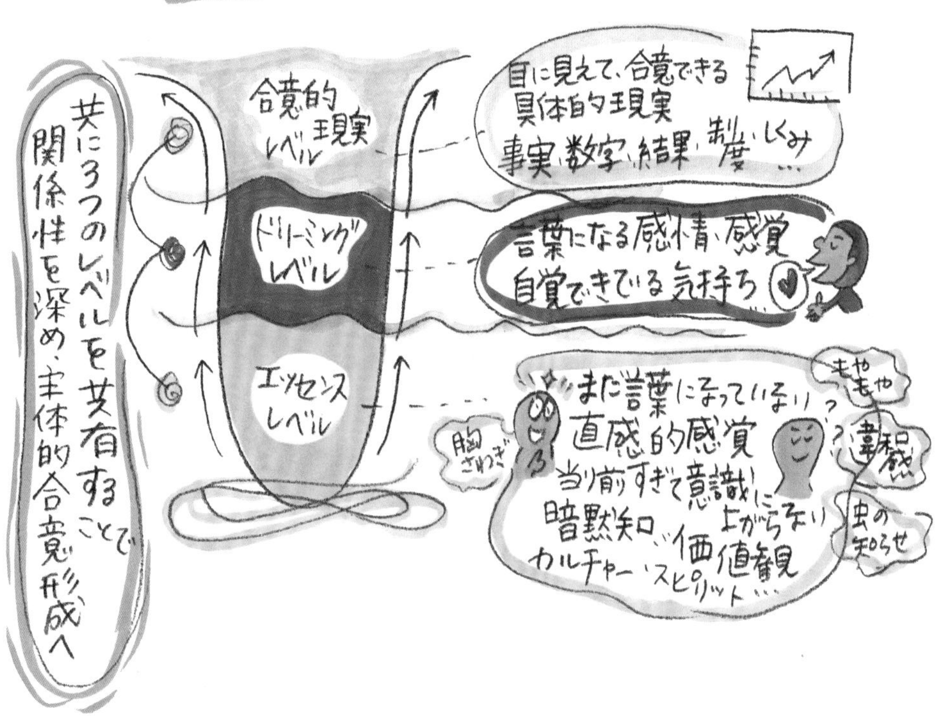

互いに「3つの現実レベル」を触れ合うことで人は、理解し合える

アーノルド・ミンデル博士(1940年〜)はもともと物理学者で、スイスのユング研究所で分析心理学を学び、その後、独自の研究を進め、1970年代にプロセスワークを誕生させました。

プロセスワークは、いろんな対立や葛藤の背景を紐解き、解決策を見つけていくためのアプローチ方法です。

ミンデル博士自身も、プロセスワークを使って、国際紛争などの民族や国同士の対立を、対話やワークを用いて取り組むファシリテーターとして、長年活動しています。

ミンデル博士は、人は「3つの現実レベル」で生きていて、争いを解決するにはそのすべてを共有し、お互いに深く理解し合うことが大切だと考えていました。

「3つの現実レベル」は、私たちが認識する「現実」を3段階(レベル)に分けて表しています。お互いに理解し合い、争う関係から脱するには、**3つの現実レベルの「それぞれ」を共有することが、大事だとされています。**

職場の「会議」のすれ違いや対立も、「3つの現実レベル」の共有が偏っているから？

私たちの話し合いで起きるすれ違いや対立も、この「3つの現実レベル」の共有が偏っているために起きているのではないかと、私は思います。

特に職場では、個人の中に秘められている「純粋意欲」や「目的（パーパス）」が、周囲の人と共有されていないことが、実によくあります。
「感情」を表に出さないようにしている場合や、仕事では「直感」で安易に発言してはならない、と思っている場合もあるでしょう。
あるいは、「言わずもがな」「行間を読む」ことで仕事を進めている「暗黙知」の多い職場もあるでしょう。

「ドリーミング」や「エッセンス」といった、「目には見えないけれど存在する現実」があまり共有されず、**数字や事実、仕組みや結果など、目に見える「合意的現実レベル」の共有ばかりで進められている会議や話し合いは、日本の職場にとても多い**のです。

また、お互いに異なる「レベル」の話をしていることに気がついていないため、話がかみ合わず、いつまで経っても納得して合意ができないといったケースもあります。

グラフィックファシリテーションは、目には見えない「ドリーミング」や「エッセンス」を絵や色を使って、見える化することで、お互いに深く理解しあい、心から納得できる会議での合意形成を後押ししています。
まさに、プロセスワークをベースにした、**対立や葛藤の背景を紐解き、解決策を見つけていくためのアプローチ方法**なのです。

CHAPTER

4

グラフィックに何を「描き」出しているの？

#001

「ドリーミング」と「エッセンス」を描く

▶▶▶「目に見えない部分」が伝わったことがわかると、話し手は安心してより深く話せます。

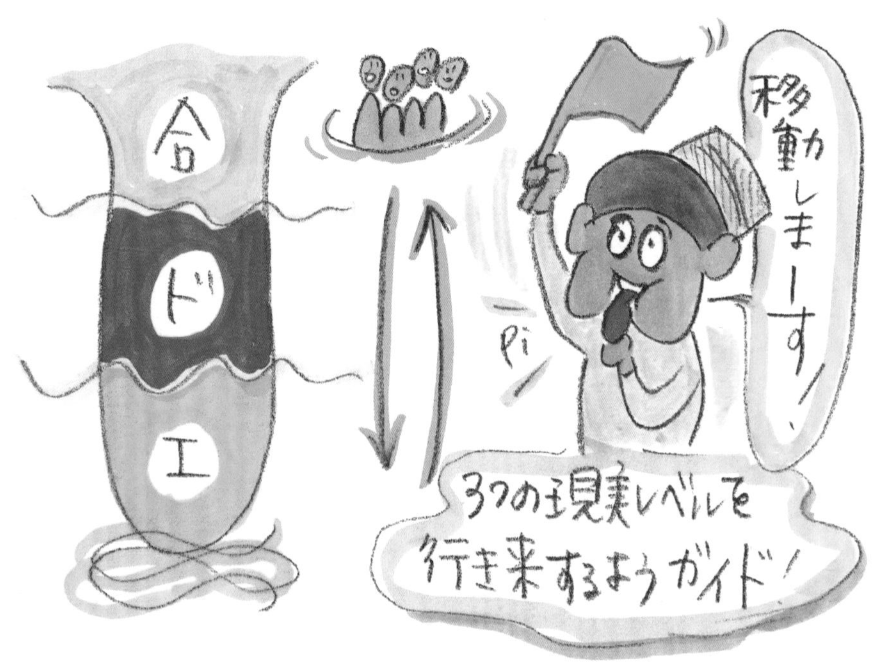

グラフィックファシリテーションにおいて、
ファシリテーターは、参加者と共に「3つの現実レベル」を旅する
「ガイド」のような存在です。

「ドリーミング」と「エッセンス」を感じとり、表現する効果

グラフィックファシリテーションは、話し合いや会議を絵や色を使って、同時進行で描いていきます。決して、話されている情報をきれいに整理して、まとめるのではありません。
つまり「合意的現実レベル（いつ、何が起きたかという事実情報）」だけを描くのでは「ない」のです。

グラフィックファシリテーションで描き出したいのは、目には見えない「ドリーミング」や「エッセンス」。
慌ただしい毎日を送る現代人がついつい共有しそびれてしまう、**感情や感覚、ニュアンスや雰囲気を描くことを大切にしています。**

目には見えない**「ドリーミング」や「エッセンス」を見える化することで、同じく目に見えないところに宿る、人の純粋意欲（原動力）や目的（パーパス）を刺激し、揺り動かすことにつながるから**です。

お互いの理解を深めるには、合意的現実レベルのエピソード共有も、もちろんある程度必要です。しかし、それだけでは共感は得られにくく、参加者みんなが、もっと話したいと胸の内を話してくれるには、なかなか至りません。

参加者みんなで、お互いに理解し合い、心から納得し、主体的に合意するには、目に見えない「ドリーミング」や「エッセンス」をお互いにやりとりし合い、触れ合う必要があるのです。

「雨が降った」の状況説明より、「大変だった」の「思い」を受けとる

日常の一コマから、例を挙げてみましょう。
たとえば、あなたはお母さんです。ある日の夕方、子どもがびしょ濡れで「雨が降ってきて、大変だったのぉ～」と言いながら帰ってきました。さぁ、あなたは、子どもの一言のどの部分を受けとりますか？

子どもが一番わかってほしいのは「大変だった」という自分の気持ちの部分でしょう。「それは大変だったね」と、相手の気持ちを受けとめたことを表現することで、子どもは「伝わった」と安心できるでしょう。

「あぁ、僕のこの大変さが伝わる相手なんだ。今、話していいんだ」と安心できると、大変だと感じた理由や背景も、子どもは自分の中でフタをせずに話せるでしょう。

もし、あなたが「あら、雨が降っていたのね（淡々と）」と、合意的現実レベルの部分だけを受けとると、子どもは「自分の気持ちを受けとられてくれない！！」「大変さをわかってくれてない！」と、それ以上話したくないとなってしまうかもしれません。

絵を使って、参加者と共に「3つの現実レベル」の旅をガイドする

この例をグラフィックファシリテーションするとしたら、「雨」の降ったエリアや状況を詳しく描くよりも、「大変だった」と語る子どもの表情や感情、雰囲気を描き表すことが、相手に寄り添うことになります。

人が心を開き、お互いに深く理解し合うには、「ドリーミング」と「エッセンス」を感じ取り、表現することが大切なのです。

職場の会議（話し合い）でも、ファシリテーターは、参加者の話に耳を傾け、「ドリーミング」と「エッセンス」を感じ取り、表現することに意識を向けます。

もしも会議で、参加者が「３つの現実レベル」のうち、どこか特定のレベルに偏って話し続けていたら、描いたグラフィックを示しながら、
「その時、どんなふうに感じていたのか聞かせてもらえませんか？（ドリーミング）」
「それってどんな感覚ですか？（エッセンス）」
といったように、話し合いの中で３つのレベルを行き来し、それぞれをくまなく語り合い、共有し合うことができるよう、ガイドのようにいざないます。

職場の会議でも、同じことが起こってる！

職場の会議や話し合いでは、より合意的現実レベルだけのやりとりが、日常的に行われているのではないでしょうか。
たとえば、上司が「部下の営業数字が落ちている」ことに対して、「○○は、やったのか？！」「別の方法で、すぐ顧客にはたらきかけろ！」と、やり方ばかりを指摘する。
これはまさに、**見えている所だけ、合意的現実レベルだけをやりとりしている**状態です。

部下にも、営業数字が下がらざるを得ない理由や背景があるかもしれません。

それなのに心情は聞いてもらえず、上司からあれこれ頭ごなしに言われたら、「頭ではわかるが、頑張れない。やる気が湧かない」状態になってしまいます。

「目に見えないところ」にこそ、意識を向ける

上司は、部下の「目には見えない心情」を引き出すことこそが重要な仕事です。
「浮かない顔をしているね。営業数字のどんなところに悩んでるの？」
部下の様子に寄り添って投げかけるだけで、**部下は自分の「ドリーミング」と「エッセンス」を一緒に感じてくれていると安心し、心の内を話し出せます。**

上司と部下で、部署の存在意義や本当に大事にしたい成果について、改めて認識を共通のものにするきっかけにもなるかもしれません。
すると、部下は「よし、別の方法をやってみよう！」と自らの意志で前向きに決意し、行動することができるようになります。

グラフィックファシリテーションでは、このように、上司が部下の見えない心情に気がつけるよう、「ドリーミング」と「エッセンス」を描き出し、お互いに自覚し、共有し合えるようにしているのです。

#002

グラフィックファシリテーションは、何を描いてるの?

▶▶▶ 語り手の言わんとするイメージや質感、全体像を「大きく」とらえて描いています。

グラフィックファシリテーションは
聴いた「言葉」を
「絵に変換」するのではありません。

隣にそっと寄り添い、
話し手の頭の中にあるイメージを映し出そうとしています。

「グラフィックファシリテーション」は「胸の内」「頭の中」を描く

日本には、「奥ゆかしさ」や「多くを語らないこと」「行間を察すること」が「粋」とされ、尊ばれてきた文化背景や歴史があります。

しかし、時代と共に一人ひとりの興味関心の細分化が進み、背景の多様化に目が向けられるようになった今、本音を差し控えていては、人が「生かされない」という、現象が起きてしまうのです。

グラフィックファシリテーションは「本音」や「イメージ」を気兼ねなく表現し、拡散できる「場」づくりをしていきます。

そのため、**語り手がすでに言語化している言葉の一つひとつでなく、その人の「胸の内」「頭の中」に意識を向け、描き出そうとする**のです。

語り手が「モヤモヤ」している様子なら「モヤモヤ」と、「ぐちゃぐちゃ」した様相なら「ぐちゃぐちゃ」と描きます。グラフィックファシリテーションでは、**「絵」としての仕上がりのために、きれいにまとめることはしません。**

その場の主役である「語り手」が、グラフィックに口をはさめない状態になってしまったら、**「参加者がその場を自分ごと化し、主体性に火をつける」**という本来の目的を促進できなくなってしまうからです。

グラフィックファシリテーションは、「聴く」ことが大事

話し手は、相手が自分の話を受けとってくれたことがわかると「もっと話したい！」と思います。

グラフィックファシリテーターが、話し手の話を「描く」のは、話を受けとっていることを「相手にわかるように示している」姿とも言えます。

ファシリテーターは、話のエピソードや情報だけでなく、理由や背景など、相手がその語りを通じて「言わんとしていること」を絵や色を使って、臨場感や雰囲気と一緒に描き表します。

それによって、語り手は自分の想いがキャッチされる安心感やうれしさを感じ、「もっと話したい」「参加したい」と積極性や参加意欲が高まって、話が「拡散」しやすくなるのです。

グラフィックファシリテーションで大切なことは「上手に描ける」ことより「聴く」こと。「相手が言わんとしていることをどれだけ感じ取れるか」が、もっとも大切です。

言葉の「部分」ではなく、話の「全体像」をつかむ

グラフィックファシリテーションは、絵を使った会議の「議事録」ではないので、話し手の**「言葉」の一つひとつを「絵に変換」して描くわけではありません。**

相手がその話を通して「言わんとしている」話の「全体像」を描き出すことを大切にしています。
たとえば、「夏」と聞いてすぐに、ファシリテーターが一方的なイメージで「海」の絵を描き出すのは焦りすぎ。

「夏」から派生する、相手の話の「全体像」や話の「核」となるところに意識を向け、まずは落ち着いて聴きましょう。
話全体の文脈を掴んで、話し手が一番伝えたいことは何かを表現します。

「聴く」ことこそが、その「場」の語り手の話を深める一歩になります。

視覚化されて初めて、わかることもある

グラフィックファシリテーションでは、**言わんとしている話の全体像や心情を、話し手自身が目にすることで、初めて自覚したり、気づくことがあります。**

なぜなら、話し手も、必ずしも自分の胸の内や頭の中の全部をはっきりとわかっているとは限らないからです。

自分がモヤモヤしている話をしている様子をグラフィックに描き出されたのを見て、「そうだ！　その部分について、モヤモヤしていたんだった」と発見できるのです。

ファシリテーターは、描くことで「まだ明らかになっていないことは何か？」に、話し手本人が気づくためのガイドをしていきます。

職場の会議（話し合い）をグラフィックファシリテーションする時も、ファシリテーターが答えを見つけるのではなく、会議の参加者自身が気づき、理解し合い、納得し、自分たちで決めることを支援します。

ファシリテーターは焦らず、参加者が自分自身で気づくことを信じて待ちましょう。**本当に一人ひとりの主体性に火をつけ、みんなが納得して合意するには、自分たちで決めたという体験を繰り返すことが必要**なのです。

グラフィックファシリテーションは、お互いの背景を知り、相手と通じ合う、理解し合う、**「対話のプロセス」にこそ価値があります。**

「対話」を経て、お互いが理解し合い、納得した上で「合意」できると、人はそこで話されたことを「主体的に」とらえ、自ら「行動」へとつなげられるのです。

海外のグラファシは、「収束」を意識して行われることが多い

海外、特に欧米でのグラフィックファシリテーションは、「拡散」よりも「収束」を意識して行われることが多いです。お互いの主張や考え、想い、その背景をはっきりと声に出す文化や習慣が根づいているからです。
一口に、グラフィックファシリテーションと言っても、その「場」の目的と、参加者の特性によって注力するポイントは異なります。
日本の会議や話し合いは「拡散」に課題があることがほとんどのため、まず「十分な拡散」に向けて促進することが、「対話のプロセス」として大切です。

CHAPTER

5

グラファシを とにかく やってみよう！

#001

大きな紙に、ペンで大きく描く理由って?

▶▶▶「アナログスタイル」が、グラフィックファシリテーションに良い理由は３つあります。

「聴いてくれていることがわかる」と、
人は安心して話せます。

「あなたの話を、こう受けとったよ」と
潔く「紙」に描かれるから、
聴き手を信じて話せる。
齟齬をその場で理解し合える。

「全身の五感を開いて」
大きな紙に描くから、
場が活性化し、
「拡散」に向かうの
です。

理由1　「聴いている姿」を、語り手本人に、はっきりと見せるため

グラフィックファシリテーションでは、**紙にペンで描く「アナログスタイル」を大事に**しています。
その理由は、大きく3つあります。

一つ目は「ファシリテーターが、話を聴いている姿」を、語り手本人に、はっきりと見せるためです。

聴き手のリアクションがわかると、語り手は安心し、「もっと話したい、心の内を聴いてほしい！」と、**深く話すモチベーションが湧いてきます。**

逆にいうと、「聴く」という行為がなければ人の原動力につながるような双方向のコミュニケーションには、なり得ません！

話し手の「伝えた」ことを聴き手が「どう受けとったか」がわかり、「双方向のやりとり」をお互いにくり返す。
これが、お互いに納得し、決め、動き出す意欲、信頼関係を生み出すことになります。
それが「自分がやりたくて、やる」「参加者全員が、やりたくて、やる」エネルギーへとつながるのです。

理由2　「簡単に消せない」ことが大事！　誠意を表す！

２つ目の理由は、紙にペンで描けば、上から「×」で訂正することはできても、**デジタルツールで描く時のように、簡単に消去（デリート）することができないからです。**

「消せないこと」で、相手の話を「なかったことにしない」「どんな話も受けとめる」「話のとらえ違いも隠さない」。**ファシリテーターの誠実さやあたたかさ、潔さといった人間味を醸し出すことにつながります！**
結果として、場を深める要素になります。

描いたものを見て、語り手が「あ、ちょっと違います」と言ったときには、上から大きく「×」をします。
近くに、語り手がさらにはっきりとイメージを伝えてくれた内容をもとにして、新たに描き出せば、OK！

このやりとりが行われたことで、語り手自身も、聴いていたファシリテーターも他の参加者も、よりクリアに「言わんとしてること」を掴むことができます。
ただし、文字の誤記は、白のラベルシールなどを上から貼って消し、書き直しますよ…！

理由3　全身の五感を開いて、相手のエネルギーを感じ、受けとる

３つめの理由は、**ファシリテーターが五感を開いて、語り手の声に耳を傾け、相手のエネルギーを全身で感じ、受けとるため**です。

デジタルツールの画面や、手元サイズの紙といった「小さなキャンバス」に向かって描くとき、人は、狭い範囲に集中を向けやすいため「思考を練り上げ、構造化する」「収束させる」意識がはたらきます。

でもグラフィックファシリテーションでは、「構造化」「収束」の前に、「活性化」「拡散」を大切にしています。**「感覚を開いて活性化する」「拡散させる」ためには、「大きなキャンバス」を用意し、視野を広げ、発想を飛ばしやすい環境をつくることが、大事**です。

語り手に「拡散」してほしいなら、まずファシリテーターから！ **できるだけ「大きな紙」を前にして「立って描く」と、姿勢が伸びて視線も上がり、深く大きく呼吸できるため、感覚が解放されます。**

ファシリテーターが、全身の五感を開くことで、語り手のエネルギーを感じやすく、受けとりやすくなります。すると、**参加者もいざなわれるように、次第に「拡散」していく**のです。

身体的な距離や感覚は、心理的な距離や感覚と密接な関係があります。アナログ、あなどれない！

#002

オンライン会議こそ、アナログスタイルで描く!

▶▶▶「見る」と「聞く」に特化しているオンラインと、アナログの特性をかけ合わせよう。

オンライン会議では、
視覚と聴覚をフル活用して、
「ドリーミング」と
「エッセンス」を
意識的に共有し合いましょう。

オンラインでのグラフィックファシリテーションは、
「集中しやすく、深まりが早い」のに、「感覚は、広がりやすい」!

「対面」より、「ドリーミング」と「エッセンス」を意識的に共有する

私たちは、人と実際に**「対面」して接している時、五感のすべてを使って、相手の様子や雰囲気を感じとり、コミュニケーションに生かしています。**

仕事でのやりとりや雑談を通じて、話の内容そのものだけでなく、相手の興味の度合いや、価値観なども掴んでいました。

同じ空間にいれば、直接話していない時でも、視覚、聴覚、体感覚（嗅覚、触覚など）などで相手の心身のコンディションや存在を感じとっていたのです。

しかし**オンライン会議になると、相手とその場で共有できる五感は、「視覚と聴覚」に限られます。**そのため、**意識的に相手にアンテナを向け、少し大げさなくらい意図的に表現し合わないと、感じとれないし、わかり合えないのです！**

オンライン会議やリモート勤務で、職場内のコミュニケーションが上手くいかなくなったと嘆いている人は、まず、視覚と聴覚をフル活用することを意識しましょう。そして、**対面で接していた時、無意識に共有し合っていた「ドリーミング」と「エッセンス」を意識的に共有する**ようにしましょう。

私は、オンライン会議こそ、**アナログスタイルのグラフィックファシリテーションが合う**と、確信しています。**視覚と聴覚に特化しているため、意識を深めることに集中しやすく、大きな紙に描かれるので、思考を限定させません。**
実は、オンラインでのグラフィックファシリテーションは、デジタルとアナログの“いいとこ取り”を可能にするのです！

TRY #001

大きな紙をたくさん用意しよう!

✓「参加者から、よく見える」紙のセッティングについて

話し手がのびのび話せるよう
環境づくりの土台として
「無地の大きな紙」を用意しよう。

環境と好みで紙を選ぶ

場の**参加者（話し手）が見やすく、目で見て確認しやすいサイズで、絵と文字が描けることが大事**です。

入手のしやすさ、貼りはがし時の扱いやすさ、のびのび描けるなどの観点から、バランスの良い紙サイズは、模造紙大（四六版・1091mm×788mm）です。

パソコンやタブレットの画面越しからも見やすく描けるので、オンライン会議などでのグラフィックファシリテーションも、模造紙大の紙を使うことをお勧めしています。

紙の種類や厚さによって、ペンの描き心地や、インクの発色、吸収率は変わります。描く速度にも影響するので、

自分好みの紙を探すのも、楽しみの一つ！　私は、上質紙を好んで使っています。

紙は、透明の養生テープで壁に貼ります。貼りはがしが可能な壁か、何枚貼れるスペースがあるか、周囲の壁を養生テープで覆うなどの追加準備の必要があるか、このあたりの事前確認は欠かせません。

壁に紙を貼ることが難しい場合は、可動式のホワイトボードに模造紙を貼ったり、養生テープ不要の大判付箋（イーゼルパッド）を利用しましょう。

TRY #002

ペンは、自分の体の一部!

✔「基本」の黒いペンの使い方を知ろう！

自分の頭の中でイメージしているビジュアルを
手を通し、ペンを通じて、紙の上に置いていく。

この通りを良くすることで、
絵は上手くなります。

ペン選びや持ち方の工夫だけでも
語り手が感じるグラフィックのインパクトは、大きく変わります。

ペンの選び方と持ち方のポイント

ペンは、自分の思い描いたイメージや、聴きながら感じ取った感覚を表現するための大事な道具です。

頭から腕を一気通貫し、紙の上に感じたままに表現するには、**自分の描きたいイメージと齟齬（そご）なく描くことができるペン**を見つけましょう。

ペン選びのポイント

① 参加者（話し手）がはっきりと目で見て確認できる「太さで描ける」「発色の良さ」
② 紙や壁に「裏写りしない」水性マーカー
③ インクの乾きが早く、「重ね塗りしてもにじみにくい」

日本で手に入りやすい
グラフィックファシリテーション向きのペン

○ プロッキー（uni、三菱鉛筆）
○ ポスカ　太字または極太の角芯（uni、三菱鉛筆）

ドイツから直輸入可能
グラフィックファシリテーション向きのペン

○ Neuland BigOne®（neuland.com）

見やすい太さで描くには、角芯タイプのペンが適してますが持ち方に注意！　**角芯の短辺で描ける向きで持つのがおすすめ**です。
長辺で描くと、縦が太く、横が極端に細くなりすぎて、**描きたいイメージとの齟齬が大きくなってしまいます。**

短辺で描いたほうが、縦と横で引いた線の太さのギャップが少なく、**イメージに近い線を引くことができます。**

TRY #003

思い通りに描くトレーニング

✔ まずは、直線や丸を、のびのび描けるようにしていこう!

のびのび描くには
「立ち位置」から!

×

紙と近づきすぎない!

全体を把握しやすい!

壁に大きな紙を貼り、
近づきすぎずに描く練習をしましょう。

直線を描くコツ

まずは「直線」を引けるようになりましょう。
「思いどおりに描く」ための、はじめの一歩です。

壁に貼った**模造紙の正面に立ち、上から下まで、まっすぐ線を描いていきます。3センチ間隔で、どんどん縦に直線を引いて**いきましょう。
慣れてきたらスピードを上げ、紙の端から端まで縦線を引きましょう。

模造紙がなければ、新聞紙やカレンダーの裏紙、ホワイトボードでもOK！　**「大きなキャンバス」に慣れることも良い練習**になります。

次は、横線です。
今描いた縦線の上から、横線を3センチ間隔で引いていきます。横線も、紙幅いっぱいに引きましょう。

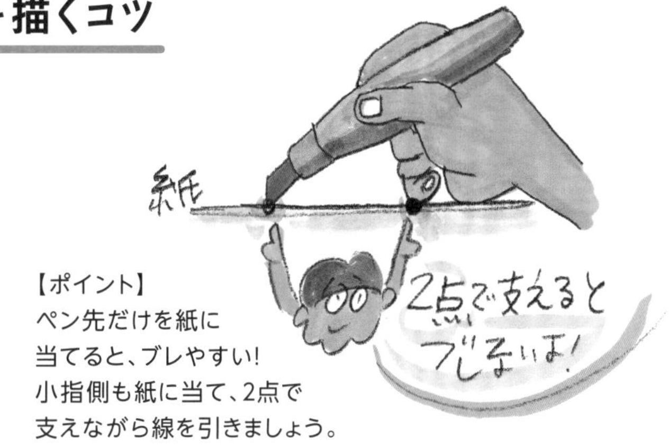

【ポイント】
ペン先だけを紙に当てると、ブレやすい！
小指側も紙に当て、2点で支えながら線を引きましょう。

【ポイント】
手首や腕だけで描こうとすると、
車のワイパーのように線の中央がふくらみ、弧を描いてしまいます。
重心を下げ、腰ごと移動するように、横線を引きます。

丸は、体で覚える

さぁ、次は**いろんな大きさの○（丸）を、不規則に、たくさん描きましょう**！
小さな丸を並べるように描いてしまう人は、「きちんと描こう」「丁寧に描こう」とする、気持ちの現れかもしれません。

その思いは、いったん脇に置き、大きく描くことを意識してください。**線が重なること、線が交わることを恐れずに、どんどん上から重ねて**描きましょう。

うまく正円（丸）にならない人は、ペンを紙からはなさず、同じ場所でグルグルと続けて、何重にも、丸を描いてみましょう。すると、あら不思議。いつのまにか正円に近づいているはずです。体が丸を見つけていくので、しっかり覚え込ませましょう。

丸以降の描く練習は、**「このくらいの大きさで描こう」とイメージしてから、描くことが大事！**　すると、自分の抱いたイメージと、手、ペンを通して描かれたものを近づけていくトレーニングになります。

四角（正方形）と三角（正三角形）を描くコツ

正方形は、一筆書きで描きます。

描き始める始点は、どの角からでもOK。ペン先を紙から離さずに描くと、それだけ素早く、時間を短縮して描けます。これがファシリテーションの本番で、生きる描き方です…！

ポイントは、直線は速くペンを走らせ、角はしっかり止まる。角で、一呼吸するような気持ちで止まると、「曲げ」をはっきり、くっきりと描くことができます。

きちんと「角」があると、より四角としての形が強調され、美しく見えます。

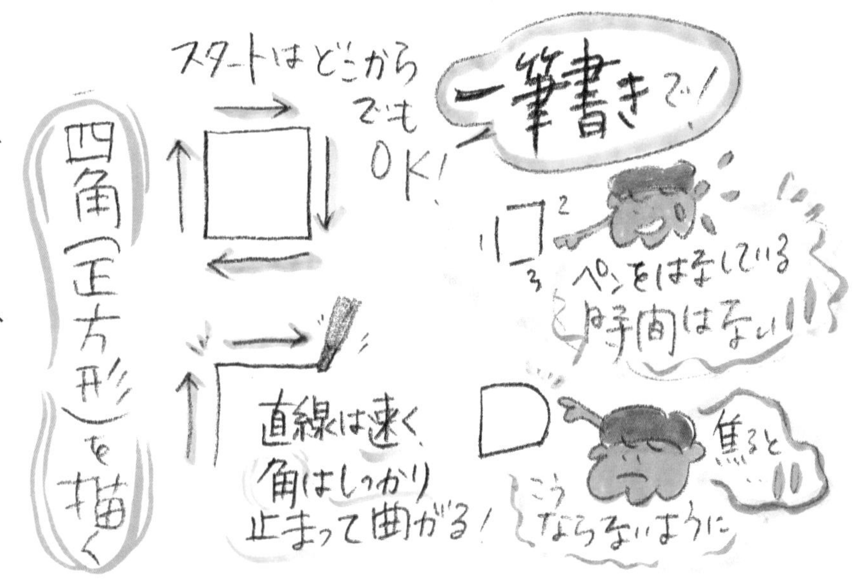

正三角形も、一筆書きで！
描いてみたら実感できると思いますが、四角よりもバランスが取りやすいのが三角です。
上向き（△）も、下向き（▽）も、描きましょう！

丸、四角、三角の練習を通じて「イメージしたサイズで、素早く描く。いろんなサイズで、どんどん重ねて描く」ことに、チャレンジし、描くことに慣れていきましょう。

#003

単純で、極力シンプルな絵で表そう！

▶▶▶ 同時進行で描くには、スピードが命！　シンプルにすることで、話の芯がブレない！

グラフィックファシリテーションは、スピードが命。
シンプルに描けば、時間短縮！
かつ、伝えたいことがストレートに伝わる！

シンプルにすることで、伝えたいことが明確になる

絵を描くのが好きな人や上手い人ほど、細部まで描き込みたくなります。でも、絵の質を高くしようとするほど複雑になり、描くまでに時間がかかります。

グラフィックファシリテーションは、スピードが命！
極力シンプルに、最小限の手数で表現することを心がけましょう。

また、**描き込むほどに、一つの絵に含まれる情報が多く**なります。建物の窓の数や形、人の髪型や服装など、詳細に描けば描くほど、気をとられるポイントが増えてしまいます。細部を描くことで、かえって話し手が言わんとしている、**話の芯がブレて伝わってしまったら、意味がありません！**
シンプルに描くことで、その絵で伝えたいことが何なのかをストレートに表現することができます。

また、**アイコンは**目に見える事柄を表すことがほとんど。**話し手が伝えたいことのごく一部**です。話のとっかかりとして、描かれていれば、OK！

アイコンに夢中になりすぎると、話の「合意的現実レベル」ばかりを描いていた、なんてことになりかねません。「ドリーミング」や「エッセンス」といった、**普段、目に見えないものを可視化しようとしていることを、どうかお忘れなく！**

グラフィックファシリテーションの当日、アイコンに手間取っていると、「ドリーミング」「エッセンス」に気が回らなくなるので、よく出てくるキーワードは、あらかじめシンプルに描く練習をしておきましょう。

TRY #004

アイコンを描いてみよう!

ビジュアルアルファベットを組み合わせて、シンプルに表現しよう！

ビジュアルアルファベット（※）を練習しよう。
11種類を組み合わせるだけで、
十分描ける!

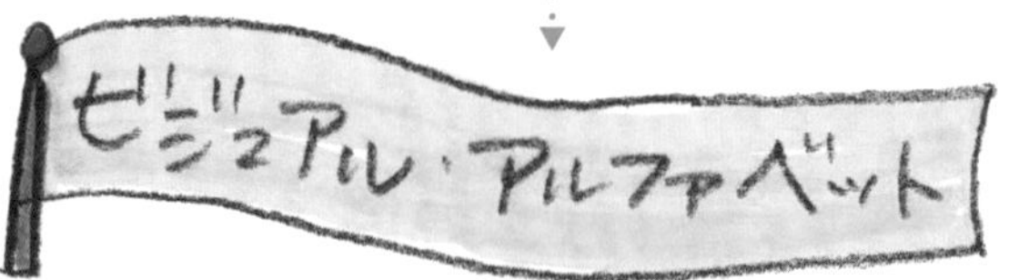

出典:『描きながら考える力 -The Doodle Revolution』サニー・ブラウン、壁谷さくら／訳（クロスメディアパブリッシング、インプレス）

線の重なりを気にせず、シンプルに描こう！

グラフィックファシリテーションでは、緻密にそっくりに描くことが目的ではありません。
線は重なってOK！シンプルに描くほうが、かえって全体のバランスを崩さずに、スピーディに描けます。

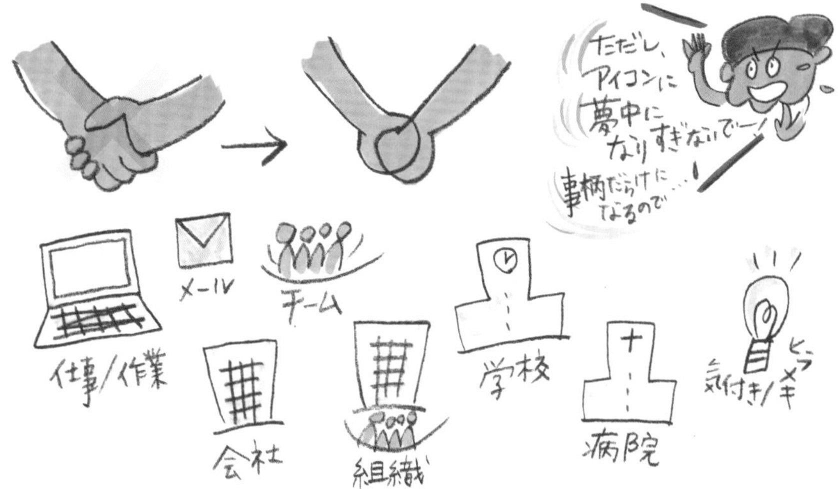

会社の風土、業種の特性などによって、一口に「会議」「目標」と言っても、その言葉が指す意味やニュアンスは異なります。語り手がどんなイメージで話しているのか、そこに意識を向けて描きましょう。

#004

感情やニュアンスを見える化しよう！

▶▶▶「どう思っている？」「どんな感じ？」表情や効果線で、雰囲気を描こう。

言葉としては
同じでも…

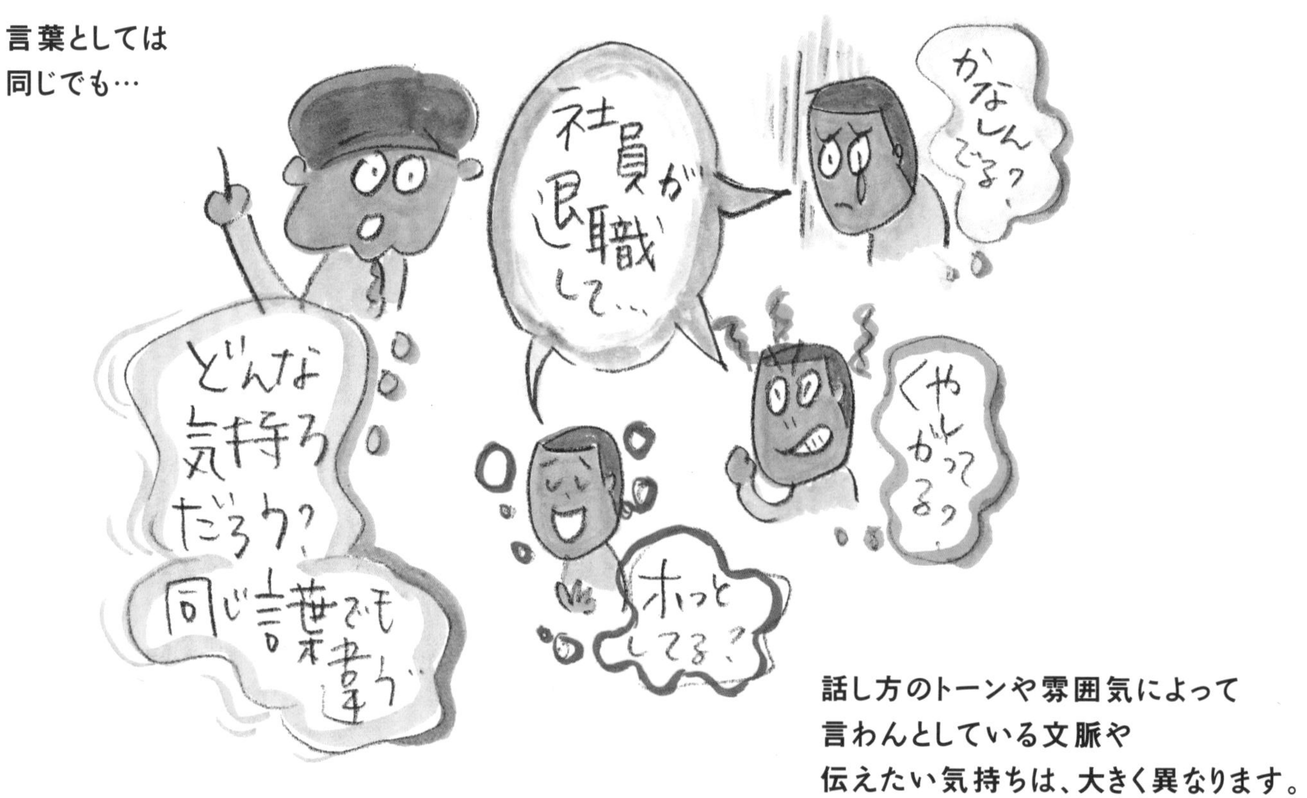

話し方のトーンや雰囲気によって
言わんとしている文脈や
伝えたい気持ちは、大きく異なります。

図解で説明するのではなく、心情を表現する

話のニュアンスや雰囲気といった、「ドリーミング」や「エッセンス」を視覚化していくには、**まず話し手の「感情」に意識を向け**ましょう。

話し手が、「悲しい」こととして話しているのか、「悔しい」のか、「ホッと安堵している」のかなど。

同じ言葉、同じエピソードでも、話し手がどう感じているかで、まったく違う話になります。

話の内容や状況を「図解」するのではなく、話し手の「感情を絵で表す」と、たちまち、グラフィックに心情がにじみ出てきます。

言葉だけでは表しきれない、その人のニュアンスをとらえて見える化することで、「言わんとする」ことにピントを合わせ、お互いの理解を深めることができるのです。

対話を深めるには、アイコンよりも感情表現を描くほうが、ずっと重要です！

TRY #005

さまざまな感情を描いてみよう!

✓ 隣のパーツを組み合わせ、人の表情を描き表そう!!

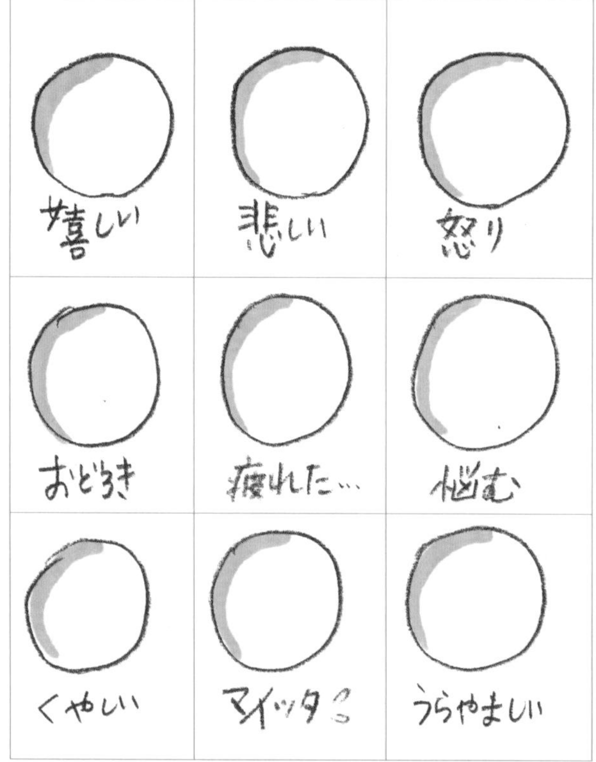

感情表現の大事な要素は、**人の表情**です。

話し手のちょっとした表情の変化に気を配りましょう。

眉毛と口元の工夫が、表情を豊かに、リアリティを感じさせる表現にしてくれます。

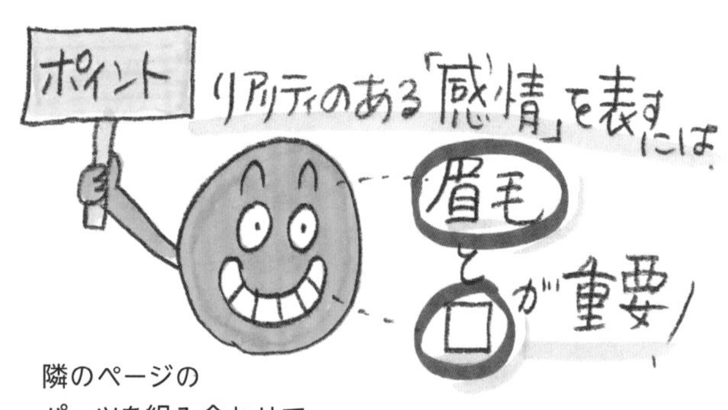

隣のページの
パーツを組み合わせて
○の中に、
感情を表情で表現してみよう!

いろいろな組み合わせを試してみよう！

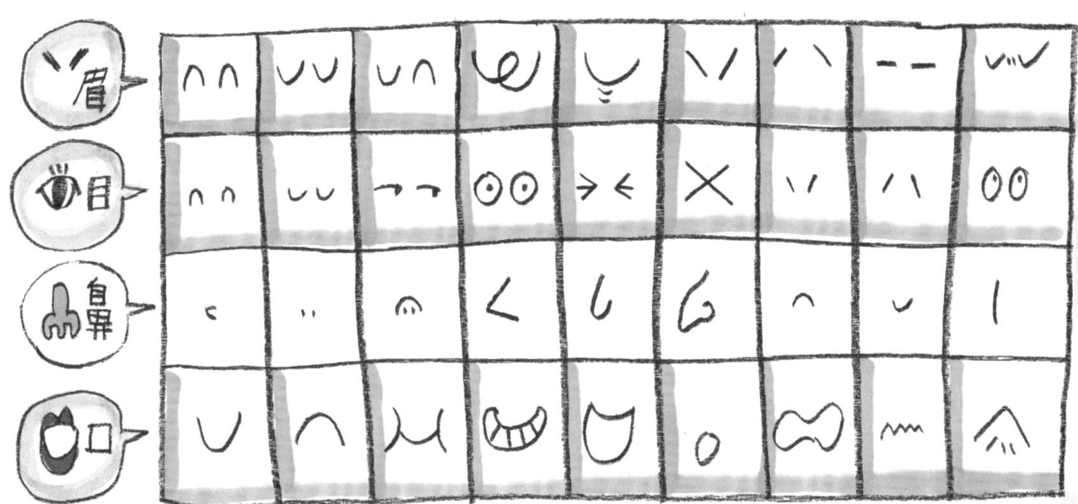

眉は、感情の微細な違いを、一番よく表します。角度や大きさを変えたり、眉間のシワをつけてみましょう！
大げさにしたい場合は、顔の輪郭からはみ出すように描くのもおすすめ。

目は、表情を豊かにします。目線も大事！　他のアイコンやグラフィックと、どんな関係を表したいのか、目線がつないでくれます。

鼻は、感情よりも年齢·性別·性格など**人の違いの描き分けに力を発揮**します。

口は、眉同様に**感情表現をとても豊かに表し**ます。個人としての感情はもちろんのこと、集団としての雰囲気をも表現してくれます。

効果線や手も、つけ加えてみよう!

効果線は、人物の周りに、**その人がまとっている心情**を表すのに力を発揮します。
話の全体の雰囲気を表現することもできます。

しずく型は、真下に落とすと涙（悲しさ）に、横向きに飛び散らせると焦りや驚きに。応用しやすい表現です。
手は、より感情を強く表したり、方向や話の焦点を示せます。
記号は、端的に感情を示すのにピッタリです。

人の描き分けのポイント

男女の描き分け

顔や鼻の形、肩幅、髪型などがポイント。
男性は角ばった逆三角形を意識し、女性は丸みと、下に向かって広がるようなラインを意識すると、わかりやすい。

高齢者

おじいちゃんは、思い切って、輪郭から眉毛をはみ出させて、しっかり描くと、雰囲気が出ます。腰を曲げた表現にするのもわかりやすいでしょう。

子どもと大人

目と眉が、左右に離れていると、子どもらしい顔つきに。
目から口までの距離が長いと、大人っぽい顔つきになります。

違いを描き分けるということ自体がセンシティブな話し合いならば、よりシンプルに表現します。
形での描き分けもあれば、色分けなどで話の文脈や伝えたいことを表す工夫もあるでしょう。

TRY #006

「囲み」で伝わりやすくする！

絵を描くことにハードルを感じる人は、「囲み」から始めてみよう！

グラフィックファシリテーションでは、文字も絵の一つととらえて描きます。

下の３つの描きパターンを見てみましょう。どの描き方が、一番スッと目に入りますか？　目に留まりやすく、文字で書かれた内容がスッと頭に入ってくるのは、③ですよね。

①は、自分の頭の中で、一度音読しないと、内容が頭に入ってきません。改行して「かたまり」として見せるほうが目で確認しやすくなります。

本音と本気のアプローチをお手伝いします。

①一行で描く

本音と本気の
アプローチを
お手伝いします

②改行して描く

本音と本気の
アプローチを
お手伝いします

③改行して描き、
「囲み」をつける

「囲み」でニュアンスを表そう！

改行して「かたまり」にしたら、その一言が言わんとしているニュアンスや臨場感に合わせて、**「かたまり」を囲んで**みましょう。

なんてことない一行の文章だった文字が、たちまち絵の一つとなって、イキイキとした表現になります。

「囲み」の雰囲気によって、文字にも表情やニュアンスが生まれます。

絵を描くハードルが高いと感じる人は、話し手の雰囲気をとらえ、「囲み」でそのニュアンスを表現することから、始めてみましょう！

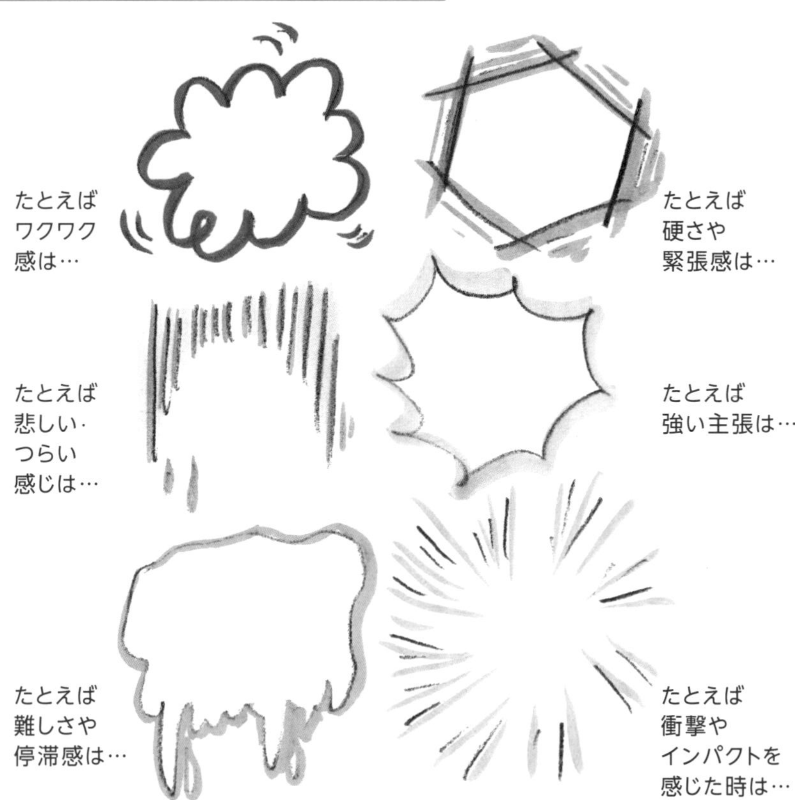

CHAPTER

6

「描く」ときに大切なこと

#001

何を言わんとしているか、「結論」を逃さず描こう!

▶▶▶ ドリーミングとエッセンスを伴う「結論」にこそ、まだ見ぬ未来が眠っています。

ファシリテーターは、
「何について話しているか(テーマ・状況説明)」
「それについてどう思っているのか(結論・心情)」
を常にセットでとらえて、相手の話を描きましょう。

「つまり、何を言わんとしているか」に耳を傾け、描くことが大事

話をしているうちに「あれ？　今、何を話していたっけ？」となることは、誰にでもよくあります。

特に、テーマや状況説明に、一生懸命になっていると、自分でも何を言いたかったのか、結論がわからなくなってしまいます。あるいは、結論としての主張や思いは口にしないまま、本人も特に意識せず、やんわりと話を終わらせていることも、しばしば。

話し合いの参加者（話し手）が複数いると、話が交錯しやすく、一人ひとりの話のテーマと結び（結論）が、あやふやになりがちです。

ファシリテーターは、一人ひとりの話のテーマと結びに意識を向け、時折、描いた絵を見せながら「（結論は）こんな感じ？」と、話し手に確認して描いていくと良いでしょう。

話し手への確認は、グラフィックファシリテーションの基本動作。描き間違っているかもと怖がらず、相手に確認するほうが誠実で、理解が一層深まります。
確認しないことで、さらに「迷子」になったら、元も子もありません…！

常に、参加者の話について

何について話しているか（テーマ・状況説明）	それについてどう思っているか（結論）

2つをセットでとらえて耳を傾け、結論まで、しっかりグラフィックに描き表しましょう。

「テーマ・状況」は合意的現実レベル、「結論」はドリーミング・エッセンスを伴う

結論があやふやになりやすいのには、理由があります。

まず、**話のテーマや状況説明をハッキリ話せるのは、過去やこれまで経過した事実だから**です（合意的現実レベル）。

話し手本人にとって「既知（すでに知っている、知られている）」のため、つぶさに説明することができます。聴いていたファシリテーターも、情景が浮かびやすく、描きやすいため聞き逃しにくいという側面があります。

一方、その状況をどんな視点でとらえているか、心の奥底で本当はどう思っているのか（結論）については、話し手本人も、無自覚な部分があります（ドリーミング・エッセンス）。
つまり、**人の話の結論には、その人自身にとっても「未知」なる部分が含まれています。**

そのため、**話し手がはっきりと言いきらず、聴いていたファシリテーターもとらえにくいために、結論を描き逃してしまう**ことがあるのです。

ドリーミングとエッセンスを伴う「結論」こそ、描き出す意味がある

ファシリテーターは、一人の話、一つのテーマだけでなく、複数の話が連なり、織り成し合って、対話全体としてどういう結論になるのかに意識を向けましょう。そして、**「場」全体の結びに向けて、どんなドリーミングやエッセンスが現れ、どう流れていくかにも、意識を向けましょう。**

「既知」のことより、「今」まさに対話の「場」で浮かび上がろうとしている**「未知」の領域を、参加者全員で描き出す**ことこそ、グラフィックファシリテーションが目指していることです。

それを叶えるには、まず、一人ひとりの話のラストに含まれる「未知」の部分を逃さず、丁寧に描き留めることが大切。

一つひとつをたどった先に、対話全体のラストとして**「まだ見ぬこれから来る世界」につながる何かが、現れる**はずです。

#002

安心安全な場づくりをしよう!

▶▶▶ やってしまいがちな「落とし穴」と「場づくり」のポイント。

ファシリテーターは
率先して自己開示し、
何を話しても
大丈夫な「場」であることを
身をもって表しましょう。

「安心安全」かどうか、ファシリテーターが証明してみせる

会議や話し合いの参加者が、安心して話せるようになるには、何が必要でしょう？

私は、最初に対話のグラウンドルール（参加者同士の心がけ）を示します。中長期にわたり、複数回の対話を行う場合には、場の参加者自身でグラウンドルールをつくることから始めることもあります。
しかし、グラウンドルールがあるだけでは、安心安全の場は実現しません。

参加者の中には、本音や感情を人前で表すことに、躊躇する人もいるでしょう。普段明かさない思いや本音を話すことに「恐れ」や「不安」「心細さ」を抱いている場合もあります。

ファシリテーターが先んじて本音を吐露したり、何気ない胸の内を明かしてみせると、対話の冒頭の「場づくり」として話しやすい雰囲気を醸成することにつながるでしょう。

ファシリテーターが無邪気にあっけらかんとやってみせることで、**徐々に参加者に雰囲気が伝播し、**「何を言っても、この場は大丈夫」「弱音や本音を話してもいいんだ」「悩みや困っていることも話してみよう」と、次第に安心安全の場ができていきます。

余計な疎外感や分断をつくらない、つくらせない

会議や話し合いの場でよく見かけることの一つが、無意識にマジョリティ（その話し合いの場の多数派となる人たち）にだけ向かって、話しかけてしまうことです。

何気なく発せられた余計な一言が、**マイノリティ（少数派）に、心地の悪さや疎外感（アウェイ感）を抱かせ、参加者内に「分断」をつくってしまいます**。

すると、本音で語り合うことが難しくなり、主体的な合意形成を阻害する要因となってしまうのです。

すべての声に光を当てる。どんな意見も取捨選択せずに描き出す

ファシリテーターがその場に居合わせたら、**グラフィックファシリテーションで、その場に現れた全体の関係性（マジョリティとマイノリティの分断や、一部の人の疎外感）を描くことで、それ以上、分断が助長されるのを防ぎましょう。**

参加者全員が、できるだけ心地よく安心して話せるよう、場の雰囲気をつくる・整える（場づくり）のは、ファシリテーターの大切な仕事なのです。

参加者の「話し合う準備が整った状態」をつくろう!

▶▶▶ 参加者全員が「話したい！」という心持ちになって初めて、対話をスタートできます。

参加者全員が
自分の純粋意欲や目的(パーパス)と、
場の目的に「つながり」を
発見して初めて、
「話し合う準備」が
整います。

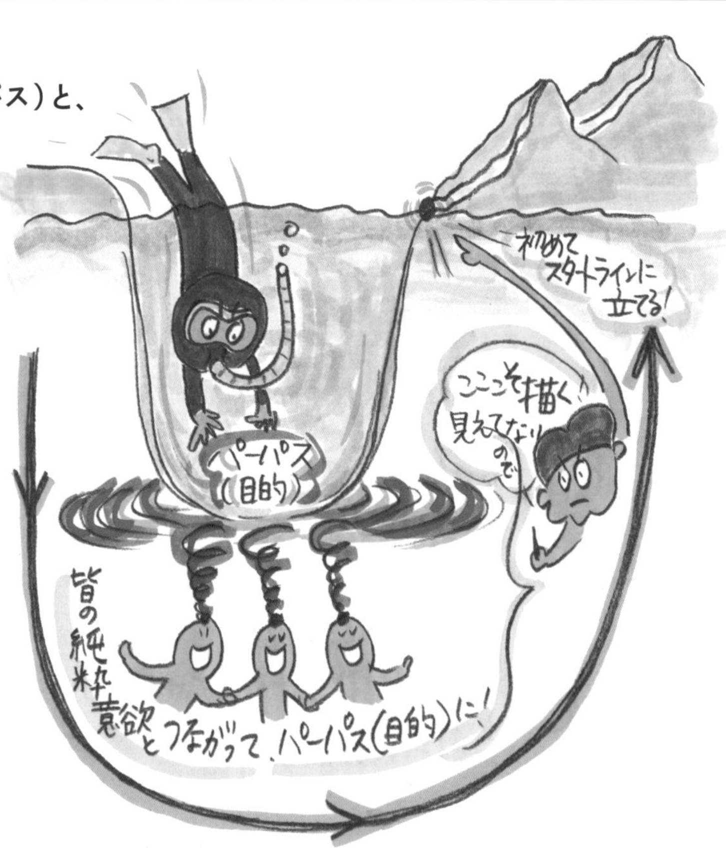

「参加者は、対話する心持ちになっているか?」に注意を払おう

グラフィックファシリテーションで、ドリーミングやエッセンスを感じとって描いていくと、一人ひとりの純粋意欲や目的（パーパス）など、目に見えなかった要素を「絵」を介して、他の人と共有できるようになります。

そのため、その「場」に関わる全員でお互いの意欲や目的の“つながり”を発見しやすくなります。すると、会議の目的や、職場やチーム全体の目的も、その場にいる全員で確認しやすく、理解し合いやすくなり、参加者全員で心から納得して決める、腑に落ちる、主体的に合意できる状態に近づくことができます。

場合によっては、

「そもそも、なぜこのテーマで話す必要があるのか、わからない」
「なぜ、このメンバーで話す必要があるのか、腑に落ちない」

と、**話し合いの参加そのものに納得せず、参加している人もいるかもしれません。**

いわば、対話する心持ちになっていない状態です。

参加者の「話し合う準備が整った状態（Readyな状態）」をつくろう！

ファシリテーターは、参加者が対話する心持ちになっていなさそうだなと感じたら、

「話し合いのテーマや内容を、このメンバーで話す必要があるか」
「なぜ、この話し合いが必要なのか」

を話し合うことから、対話を始めましょう。

参加者全員が「この話し合いは必要だ！」「話したい！」という心持ちになっていることを「参加者の話し合いに臨む心持ちが整った状態、話し合う準備が整った状態（Readyな状態）」と呼んでいます。

参加者のReadyな状態をつくることは、本質的で深い対話を紡いでいくための、もっとも大切なの場づくりの一つだと言えるでしょう。

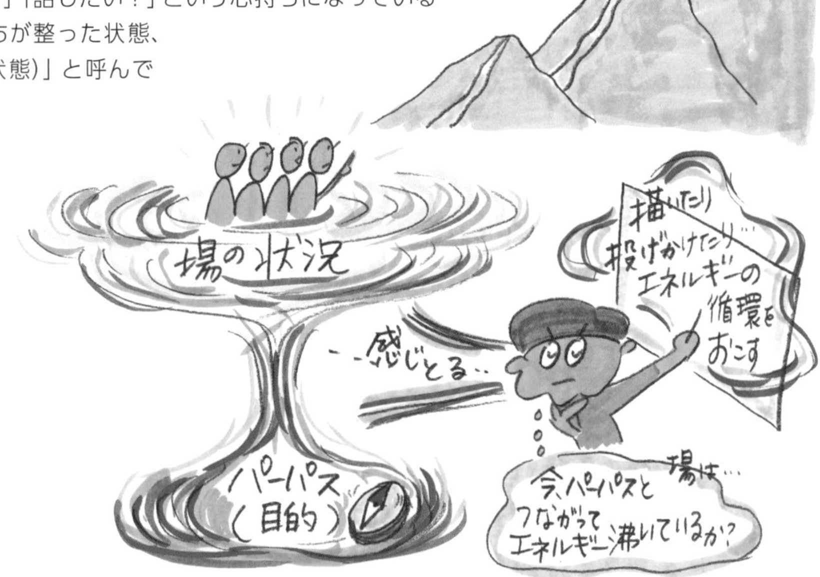

「意図する」が、「コントロール」はしない

ファシリテーターは、参加者一人ひとりが、自分の意欲や目的と、会議や話し合いといった「場」の目的に「一貫したつながり」を感じられるように、描きます。

時に、絵を使いながら、問いを投げかけることもあります。参加者の自覚を促し、Ready（レディー）な状態をつくることで、主体的なエネルギーの循環を起こしていきます。

そのためには、ファシリテーターが事前に、「場」の目的のために参加者は何をお互いに話し、共有したらいいかを、とことんイメージすることが必要です。

「場」の目的と、参加者の意識や心持ちがつながることを「こうなったらいいな」とイメージし、願うように意図しますが、コントロールはしません。

「場」の目的の見極めと、ファシリテーターが事前に行うべき準備に関しては、CHAPTER 8で詳しくお伝えします。「意図する」と「コントロール」の違いは、CHAPTER 9で紹介しています。

#004

同じ言葉に、同じイメージを抱いているとは限らない！

▶▶▶ カタカナやあいまいな表現が、お互いの理解を阻んでいることがあります。

よく使われがちな、それっぽい表現やフレーズは、
深い理解や、主体的な合意を阻む「落とし穴」！

違いが明らかになってからが、スタート!

「うちの会社には"イノベーション"が必要だよね」
こんなふうに、**会議や話し合いの中で、カタカナ表現やあいまいな言い回しが飛び出したら、要注意…!**

なぜなら、カタカナ表現やあいまいな言い回しは、**その場にいる全員が、必ずしも同じことを思い描いているとは限らないから**です。なんとなく理解し合ったふうに話し合いを進めていると、後から違いが判明し、トラブルに発展してしまうこともあります。

グラフィックファシリテーションでは、
「イノベーションって、どんなイメージですか？　描きたいので、もう少し教えてください」など、**絵に描くことを理由に"イノベーション"に込められた意味やニュアンスを明らかにしていきます。**

具体的に聞かれると、参加者は、それらしい言葉を使うことで「深く考えてなかった自分」に気づいたり、描かれたものを見て「実はお互いが異なる理解をしていた」ことに、早い段階で気づくことができます。

お互いに抱いているイメージや、言わんとすることの**「違い」が明らかになってからが対話のスタート。**
どう違うのか、共通点はあるのか、参加者と共に違いの背景や理由を深めていきましょう。

#005

話のニュアンスをつかまえる その1

▶▶▶ 相手の感情の「ボリューム」や、言わんとしていることの「質感」を大事にしましょう。

自分勝手な「解釈」を防ぐには、
相手の感情や感覚の「ボリューム」と「質感」を感じよう!

小さいものは小さく、大きなものは大きく受けとめて、表現する

グラフィックファシリテーションでは、**相手の放っている「感情の種類（喜怒哀楽など）」だけでなく、その「強弱（ボリューム）」も、そのままグラフィックに反映**します。

ちょっとのイヤな気持ちなら小さく描き、ものすごく怒っていれば、その怒りの強さのままに表現します。私は、この人の怒りはペンで描く程度ではとても表せないと感じ、その場で模造紙をビリビリに破いたこともあります。

自分の感情の「強弱」がそのまま表現されてこそ、話し手は「あぁ、受けとってもらえた」と安堵し、その感情のさらに深い所へと意識を向けることができます。

話し手の感じている「質感」も意識しましょう。左の絵のように、相手が感じている「質感」そのままに受けとめましょう。
ファシリテーターにとっては「大したことない」と思うようなことでも、本人にとっては「一大事」の場合もあります。この場合「大したことない」は、ファシリテーターの「解釈」です。

自分勝手な「解釈」や「評価」「判断」はせず、話し手にとっての「強弱」や「質感」を、そのまま表すことを心がけましょう。

#006

話のニュアンスをつかまえる その2

▶▶▶ ファシリテーターは、相手の話の「要約」はするが、「解釈」はしない。

描くために「要約」することはありますが、ファシリテーターの「解釈」を加えるのはやめましょう!

話し手の言葉を生かして、要約しよう!

グラフィックファシリテーションでは、一字一句すべてを、描き留めることは、できません。
描く時に「要約」することはありますが、「解釈」を加えるのはやめましょう！

たとえば、話し手が「親父が…」と言ったら、グラフィックも「親父が」と描きます。

もしファシリテーターが、「パパが」と描いたら、話し手と父親の関係性のニュアンスは、まったく別物のように感じられてしまいます。

描く時に優先するのは、相手への寄り添いです。相手が何を言わんとしているのか、できる限り**話し手の「発した言葉」を生かして要約できると、相手に寄り添った表現に**なります。

グラフィックファシリテーションにおける2つの違い

【要約】
話し手の発言した言葉や、伝えようとしているニュアンスをできるだけ変えずに、要点をまとめること。

【解釈】
話し手の発言をファシリテーターの主観や憶測で勝手に（うっかり、無意識に）描き換えること。

#007

ファシリテーターは「役割」を果たそうとしすぎない

▶▶▶「相手の役に立たなきゃ…！」と思いすぎると、かえって主体性の芽は育まれません。

「自分が理解する」ために「聞いて」ないか。
「相手」のために「聴いて」いるか。
参加者の主体性を育むために常に意識し、
自分に問いかけよう!

ファシリテーターが「役割」意識を背負いすぎると、「自分の理解」のために描いてしまう

ファシリテーターの「解釈」は、「話し手の言葉とそのニュアンスを、勝手に（うっかり無意識に）描き換える」以上の行動として、現れることがあります。

ファシリテーターが「相手に寄り添おう」とする気持ちが大きくなりすぎて「相手（話し手）の役に立とう」と、おせっかいを焼きすぎてしまうことで、起きることが多いようです。

おせっかいモードに入ったファシリテーターは、「参加者がまだ気づいてないところを、引き出してあげなきゃ。導いてあげなきゃ。だって私は“ファシリテーター”なんだから！」と、役割意識を背負っていることがほとんどです。

すると、「私がどうにかしてあげたいから、相手の話を“わかりたい”」と、**ファシリテーターが自分自身の理解のために、話を聞き、描いてしまいます。**

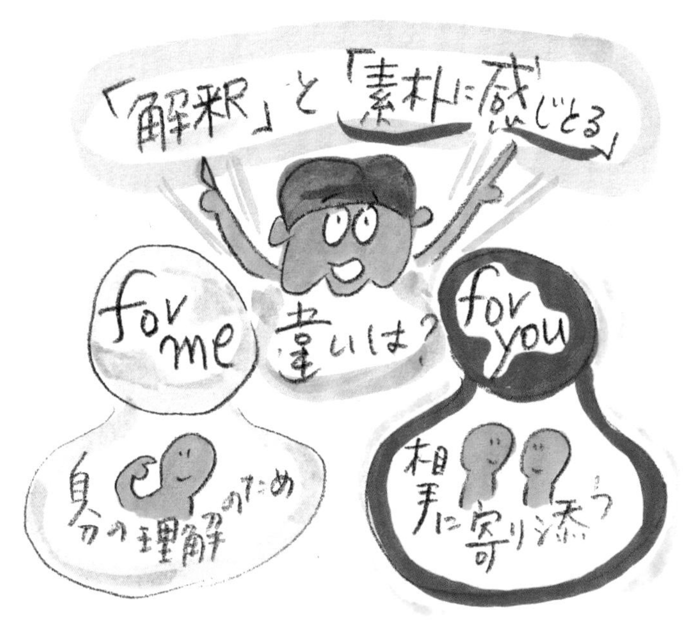

描くための事情聴取になってはいないか、自分に問いかけよう

ファシリテーターが、心の奥で「私がどうにかしてあげたいから、相手の話を“わかりたい”」と、
エゴにも近い気持ちを抱いて話を聞いていると
「それはどういう意味ですか？」
「その時の状況を詳しく教えてください」「何を感じていましたか？」と、
つい、**描くための事情聴取のようなやりとりになってしまう**ことがあります。

あるいは、話を聴いている途中で我慢ができなくなり、**相手が求めてもないのに、解決に向けたアドバイスを始めてしまう**こともあります。

責任感が強く、面倒見の良い人ほど役割意識を背負いやすく、おせっかいモードを発動させやすくなります。結果として、相手を依存させてしまうこともあるでしょう。

しかし、それでは、いつまで経っても、相手の主体性は育まれないのです。

答えは話し手自身の中にあると、信じて寄り添おう

たとえるなら、夜、ベンチで震えながら座っている人を見かけたら、声もかけずに「寒いのだろう」と察し、ホットコーヒーを渡すのは「解釈」。おっと、行き過ぎ注意です。

まずは、そっと隣に座り、どうして震えているのか、同じ位置から同じ景色を眺めて、感じ入ってみましょう。それが、相手に「寄り添う」イメージです。

ファシリテーターは、話し手の先回りをしすぎず、そっと寄り添って話を聴き、描きましょう。

ファシリテーター自身が、話の中身を正しく理解しているかどうかよりも、**参加者がその話をしたことでどうなったか、話を感じとって描いたことで「場」がどうなったかを、見守りましょう**。

答えは、話し手自身の中にある。きっと自分で気づき、歩み出せる、と信じて、焦らず素朴に寄り添いましょう。

#008

やってみたからこそ、わかることが成長につながる！

▶▶▶ 気負いすぎず、感じたままに、素直に描くことを心がけましょう。

繰り返し実践していく中で、
できるようになることも、たくさんあります。

完璧に描き表そうとせず、決して焦らず、
感じたまま、素朴に描きましょう。

「あざとい」絵は、響かない。感じたまま素直に、"純度高く"描く

ファシリテーターが意識を向ける先は、参加者（話し手）の話を聴き、エネルギーの出現やその変化を感じとれているか、です。

もし、ファシリテーターが自分の描いた絵が上手いか下手か、周りからどう評価されるかが気になっていたら、絵は「あざとく」なり、参加者の心には響きません。

子どもの描く絵を思い浮かべてみましょう。現実の描写とはサイズや形、バランスは異なるかもしれませんが、一本一本の線に描いた子の「意志」があって、イキイキとしています。

子ども本人が感じとったニュアンスを「とにかくここに描き表そう！」と、**素直に"純度高く"表現しているからこそ、その絵を見た他の人も、心動かされるのです。**「誰がどう思うか、どう評価するか」など、まったく気に留めていないでしょう。

ぜひ、あなたも、参加者（話し手）の心情や話の臨場感を、感じとったまま素直に、線の流れや色に乗せて、表現してみてください。

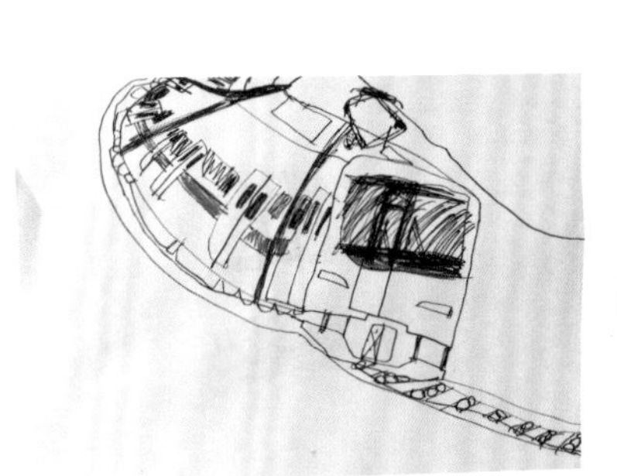

息子・大喜が、6歳の時に描いた電車と恐竜。
線が力強く、息づくような描写で、
ワクワクする。

周りの「物差し」を気にせず、場を感じとることに集中しよう

ファシリテーターは、周りの「物差し」ではなく、今、自分が表現したいものに集中しましょう。それこそが、"純度の高い"表現へと、つながります。

もし、「私が、描き表してあげなくちゃ」「参加者がまだ気づいてないところを引き出して、導いてあげなくちゃ」と思っていたとしたら、それは**ファシリテーターが、意識を自分の「内」に向けていることの現れ**です。

「参加者の雰囲気はどうかな?」
「声のトーンは上がってきているかな?」
「みんなと様子が違う人は、いないかな?」
と、**意識の「矢印」を自分の「外」へと向け、場に集中しましょう。**

そして、そもそも自分が何のために描いているかを思い出しましょう。

グラファシの成果は「最後に描きあがった絵」ではなく「話し合いのプロセス」

ファシリテーターは、話し合いが活性化したり、理解が深まったり、**参加者が主体的になることを後押しするために描いています。**

そして、**グラフィックファシリテーションの成果は「最後に描きあがった絵」ではなく「話し合いのプロセス」であり「場がどう変化したのか」です。**
絵が上手く描けているかや、周りからの評価が気になった時には、あなたが描く本質的な理由を思い出しましょう。

また、あなたが会議や話し合いの場で描いたグラフィックは、参加者自身が自分を深めていくための「タタキ」です。

その場ですみずみまで**完璧に描き表し、参加者自身の探求をあなたが「完結」させてあげる必要は、ありません。**
むしろ、それでは、参加者の主体性は、すぼんでしまうかもしれません。気負いすぎず、緊張しすぎず、素直に「今」目の前の「場」の状態に集中して、取り組んでください。

講座体験での変化を受講者に聴きました!

▷3時間×3日間のオンライン開催
「グラフィックファシリテーション講座・基礎編」の受講者が、講座期間中に描いたグラフィックをご紹介します。

CASE 1

ゆりぽんさん（女性・40代）

マーケティング・リサーチや生活者インタビューの仕事をしています。
傾聴にそこそこの自信をもっていたのですが、講座を受講してハッとしました。話者の「事実」は聞き出せていても、「想い」は十分に受けとめられていないと気づかされたのです。受講以降、仕事への意識が大きく変化。今、とってもワクワクした気持ちで仕事に臨んでいます。

表情を描くワークを通して、「自分ってどんな表情?」と考える機会も増え、自分を大切にする意識が高まった気がします。

2日目の課題

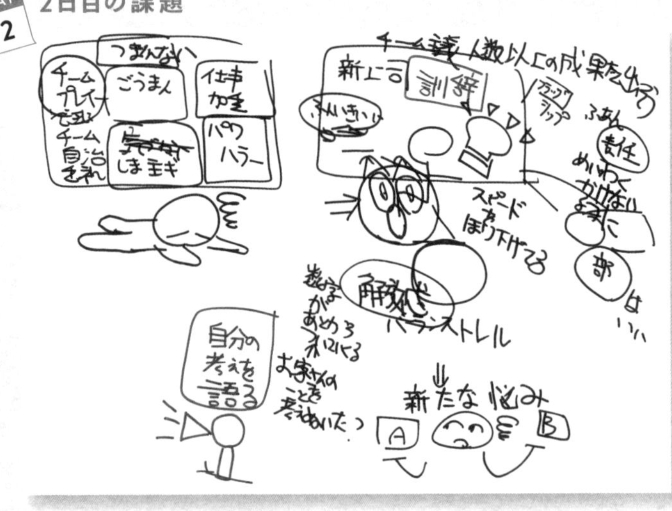

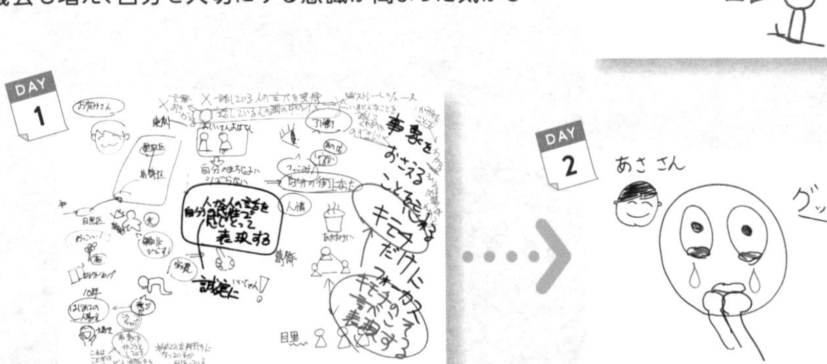

CASE 2

ヒデさん（男性・40代）

私は、どうしても「傾聴」より「相手にアドバイスしてしまう」論理思考が強くなりがちです。

でも、対話に「絵を描く」ことを取り入れたら、自分の思考がシンプルになって、「相手の話を聴く」ことに集中できるようになった気がします。
考えるのではなく、感じることが重要ですね！

相手の表情だけでなく、声のトーンや抑揚にも意識を向けるようになったことで、職場のテレワーク中のメンバーの様子の把握にも役立っていますし、家庭内や友人とのコミュニケーションでも、より深まりを感じるようになりました。

DAY 2

DAY 1

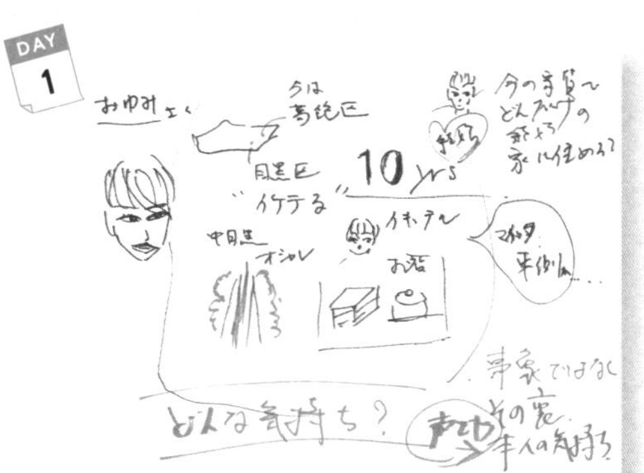

自分自身との対話にも役立っていて、仕事のモチベーションが下がった時や、考えがまとまらない時にも「まず自分の感情と向き合って、描き出してみよう！」と、グラフィックファシリテーションを活用しています。

娘に「パパ、絵が上手だね〜」と褒められたのも、素直にうれしかったです！

CHAPTER

7

誰だって
グラファシできる!

#001

色を使って、グラフィックに息吹を吹き込もう!

▶▶▶ 色について知ろう！　色づかいのポイントを押さえて、活用しよう！

色相、明度、彩度、トーン…、色の「イロハ」に触れよう！

**「色」の特性を押さえ、
場の臨場感や心情を感じて
表現しよう！**

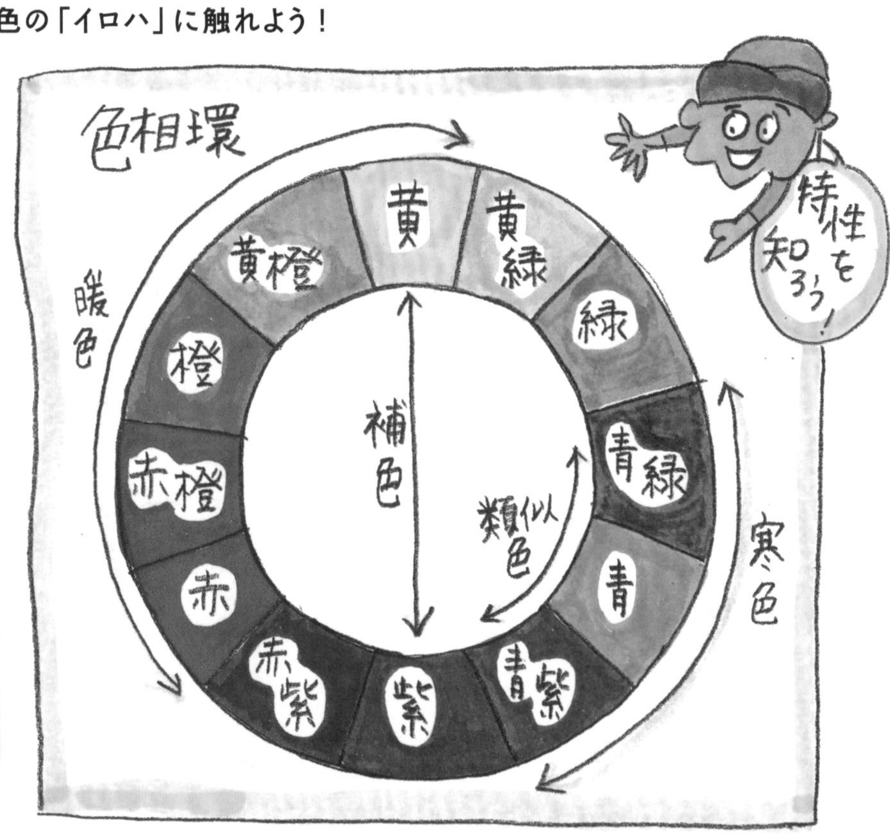

色相：赤、青、緑といった色合いの区分で、その色を特徴づける色味のことを指す。色相を環状に並べたものが色相環。
日本色彩研究所よるPCCS色相環などが、よく使われる。(※)

「向き」「不向き」を押さえ、色づかいに慣れよう！

明度：色の明るさの度合いのこと。
同じ色でも、明度が低ければ「黒」に近くなるため暗い。
明度が高ければ「白」に近くなるため、明るい。(※)

明度が高いと「白」に近いため、白い紙の場合、同化して光を反射するため、**見えづらくなります。**
そのため、**文字や話の骨子を描く線（主線）には、向いていません。**

明度の高い色は、効果線や囲みなど、**話のニュアンスや雰囲気を表現する時に、ポイントで**使いましょう。特に、未来の話や前向きでポジティブなニュアンスを表現するときに、向いています。

色の鮮やかさや強さの度合いは「彩度」と呼び、「明度」と「彩度」を合わせた考え方が「トーン」です。

同じ色味でも、明・暗、強・弱、濃・淡、浅・深の調子の違いがあり、この色の調子の違いが「トーン」と呼ばれています。トーンによって、見る人の印象を大きく左右します。

パターンや知識として色を覚えるより、「今、話し手は、どんなトーンで語っているだろう？」と、**話し手の雰囲気を感じ、色やトーンに照らし重ねるような意識を持つことから**始めましょう！　慣れるにつれて、生きた色づかいができるようになります。

※出典：『誰も教えてくれないデザインの基本』細山田デザイン事務所（エクスナレッジ）

黒一本で、話の「核」となる「主旋律」を描く

グラフィックファシリテーションで「いざ描く！」となると、同時進行で、話を聴き、描きながら、色までつけるのは至難の業！

まずは、自分が感じ取った、**相手の言わんとしているイメージや質感、全体像、話の「核」となる部分、いわば、この場の「主旋律」を「黒」一本で描き残しましょう（主線）**。

元の話が「黒」で描かれていれば、後から別の色で描き込みや描き加え、重ね塗りがあっても、他の色に負けず、読み取ることができます。

主線を「黒」で描くことで、どのような話に対して「意見」が重ねられていったか、という**話し合いのプロセスもわかりやすく**なります。

「色」で、場の臨場感や心情を表現しよう！

黒一本で描き進めながら、全体の流れを把握し、抑揚をとらえたら、話のまとまりがわかるよう、線で大きく、くくり、色をつけていきます。

人の表情や臨場感、心情など、話し手が言わんとしている雰囲気やニュアンスを伝えることを優先して、色を置きましょう。

雰囲気や情感を表したいときは、同系色（類似色）を組み合わせて使うと、色に厚みが出て、臨場感が際立ちます。

結論や発見、強い主張など、**対話の中で特に目立たせたい箇所は、色相環で正反対に位置する補色を組み合わせましょう。**画面から浮かび上がるように見え、目立ちます。

#002

上手い下手よりも場への想いが大事！

▶▶▶ 感情表現はパターンで覚えるよりも、日常の喜怒哀楽がヒントになります。

「上手く描けない」と落ち込むなかれ！
感情表現の練習の「タネ」は、自分自身。

自分の気持ちを感じとりながら
表情を描く練習をすると、リアリティのある表現につながります。

絵の上手さが、アダになることも

グラフィックファシリテーションを実践するイメージが湧いてきましたか？
「自分には難しい。なかなか上手く描けない」と、思っている方もいらっしゃるかもしれません。
されど、落ち込むことなかれ！

絵の上手さが、かえってアダになることもあります。描き慣れていて上手いがゆえに、グラフィックに描かれるものがキャラクター化しすぎて、場のリアリティと離れた表現になってしまうのです。

大切なのは「絵が上手い」かどうかではなく、話し手の言わんとしている「ニュアンス」が、感覚的＆直感的に伝わる表現がされているか、です。

絵に苦手意識を持つあなたが、それでも場の雰囲気を表そうと、必死で描いた涙マークや、シンプルなニッコリ顔、線のゆらぎのほうが、キャラクター化された表現よりも、何倍もリアルに伝わるでしょう。

もっと伝わる表現を！　と思ったら、パターン化して表現を覚えて使うより、日常的な自分の気持ちを思い出したり、自分の今の気持ちを感じとって描く練習をすると、リアルな心情を描き表すのに役立つでしょう。
感情の表現するには、絵日記を書くのがおすすめです。

#003

レイアウトについて

▶▶▶「広げたい」のか「深めたい」のか。描く位置によって、プロセスが変わる！

大きな紙に、どうレイアウトして描くかは、
目的によって、変わります。

基本を押さえつつ、
目的と状況に合わせて、
柔軟にやり方を
編み出しましょう！

アイデアがたくさん出てほしい時のレイアウト

角度の違うさまざまな意見やアイデアを出したい時は、順番に並べて描くよりも、**あえて、紙のいろんな場所に、ランダムに描きます。**

描く位置を散らすことで、話し手の視点もあっちこっちに飛び、意見やアイデアの拡散性が高まります。

参加者自身が、紙いっぱいに出たアイデアを見渡して、指差して話し出したら、ファシリテーターは、色ペンで囲んだり、上から線を重ねてつなげたり、より良いアイデアの誕生に向けてアシストしましょう。

話を深めたい、背景を掘り下げたい時のレイアウト

本音を語り合いたい時、話を深めたい時、背景を掘り下げたい時には、紙の左上にテーマを描き、**逆N字をたどるように描いて**いきましょう。

流れを追いやすく、順に深まりがわかるので、後から話し合いに参加した人にもやさしいレイアウトです。

紙の右下に、結論的な重要なポイントが描かれると、左上のテーマに対する、話し合いのプロセスと、結論がわかりやすくなります。

話し合いが進むにつれ、**紙のスペースがだんだんと狭くなりますが、参加者が核心を突くような話をしだす**のも、たいてい、ちょうどそのあたり！

時間に限りがあって、話が停滞してきたと感じる時には、「あと○分」と時間で区切るのではなく、**「今、残っているスペース分くらい、話しましょう」**と、それとなく促すこともあります。

フレームに当てはめようとしないこと！

グラフィックファシリテーションに取り組むための基本の描き方や、レイアウトをお伝えしてきましたが、**描き方に「当てはめよう」とするのは、本末転倒です！**

ましで、最初から表や、樹形図、ベン図といった**フレームワークを示すのは、やめましょう。**

最初からフレームを示してしまうと、参加者は、ファシリテーターのコントロール下に入ってしまいます。**フレームに入れるべき「答え」を予測し、「埋めにいく」感覚になり、主体的な対話や本当の意味での「拡散」には、なりにくく**なってしまいます！

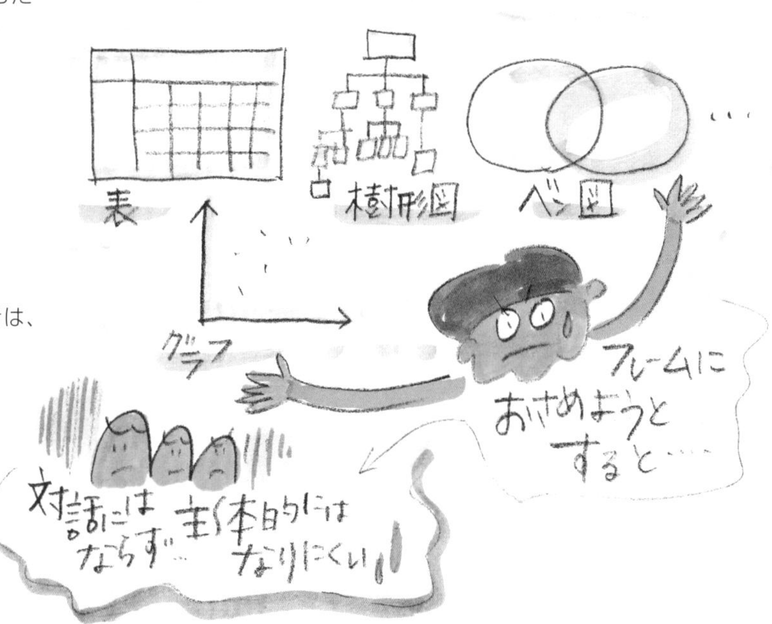

参加者が、どこから話していいかわからず、戸惑うことが予測できる場合には、フレームワークそのものでなく「考え方の視点」や「切り口」を**「問い」として用意し、場の様子を見ながら、投げかける**のが良いでしょう。

それぞれの「場」の目的に合わせ、どんなふうに叶えていきたいか、ファシリテーターを務める自分自身に、その都度、問いかけましょう。**目的と状況に合わせて、柔軟に、時にあがきながら、やり方を編み出して**いきます。

TRY #001

当日のセッティングをしよう!

✔ 話す時間から、おおよその紙の枚数を割り出し、配置を考えます。

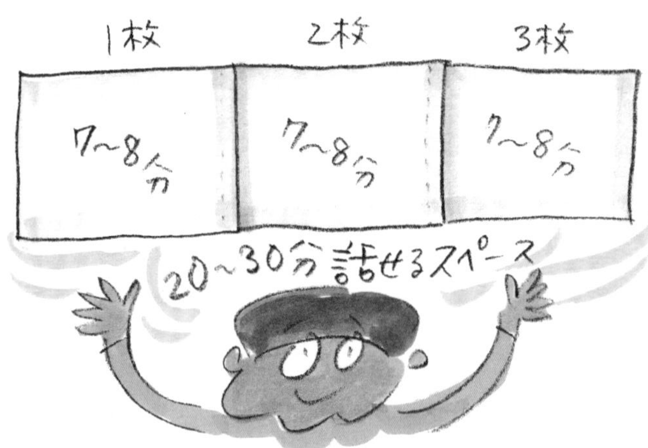

話すテーマや話し手の口調、描く絵のサイズにもよりますが、いわゆる**模造紙**(四六版・1091mm×788mm)**に描く場合、およそ7～8分で1枚分**を描き終えると思います。

参加者の人数や、話す時間から逆算して、おおよその紙の枚数を割り出し、**描く場所に応じて、紙を貼る位置や配置を考えます。**

オンラインで実施する場合のポイント

オンライン会議やオンラインイベントで、グラフィックファシリテーションを行う場合は、**WEBカメラ（カメラ付きのパソコン等）と、照明機材の準備が必要**です。

セッティングのポイントは、紙の貼り位置が、カメラの高さと水平になっていて、まっすぐ映っているのか、が重要です。

カメラに対して、できるだけ紙が正対に映っているほうが、参加者にとって見やすくなります。
カメラに映る範囲が広いほうが（画角が広い）、模造紙を並べて貼っても全体を映せるので、グラフィックを俯瞰して眺めることができます。

参加者に見やすくするには明るさが大切です。暗いと、カメラのピントが合わず、グラフィックがぼやけて見えてしまうこともあります。

暖色系の「電球色」だと、実際に描いているペンの色とカメラを通じて見える色が異なって見えてしまいます。
「昼白色」「昼光色」といった「白」系の明るい（色温度が高い）照明を選びましょう。

職場で実践している受講者に聴きました その1

▷「グラフィックファシリテーション講座」の基礎・アドバンス・実践編の受講を経て、グラフィックファシリテーションのプロコースに臨んだ、受講者の活動をご紹介します。

PROFILE

あきらさん（男性・40代）

新潟県柏崎市 在住
自然体験・環境教育事業

Q なぜグラフィックファシリテーションを学ぼうと思ったのですか？

◎軽い気持ちで参加、でも忘れられない衝撃を受けた

自然体験や環境教育に携わる中で、ファシリテーションやグラフィックに出会い、2018年に「グラフィックファシリテーション講座・基礎編」に参加しました。

これを学ぶことで、自分が主催するワークショップや講座にも、広がりや深みが出るだろうと軽く思って参加したのがきっかけです。**想像していた以上の可能性を目の当たりに**し、初めて講座に参加した日の衝撃は、今でも忘れられません。感動したのだと思います。

Q グラフィックファシリテーションを学び、実践することで、どのような変化がありましたか？

◎思い込みから解放された！

絵を描くことに苦手意識があったのですが、グラフィックファシリテーションの考え方を学び、挑戦する中で、**子どもの頃“当たり前に”感じていた「描くことの楽しさ」を少しずつ思い出し、いつの間にか、自分で自分の「感性」にフタをしていたことにも気づきました。**

一番大きく変わったのは「自分自身のとらえ方」です。長年、自分はロジカルな人間だと思って仕事をしていましたがそうではなく、**ロジカルでなければ、ビジネスは成り立たないと思い込んでいた**だけでした。

グラフィックファシリテーションへの取り組みや実践を通して、自分らしさやあり方を見つめ直し、自分の「感性」を生かしていいんだと思えたことで、「自分自身のとらえ方」が180度、変化しました。周りに対して自分が発するものも変わったと思います。
以前より、気持ちを「楽」に持ちながら、仕事や対人関係に臨めるようになった実感があります。

職場でどのように活用していますか？
今後のイメージも聞かせてください！

◎クリエイティビティを呼び覚ます会議へ変えていきたい!!

私の職場では、「経営会議」でグラフィックファシリテーションを取り入れています。
あえて立ち止まり、しっかりと「今」を見つめ直すことで、自分たちの「存在意義」や「取り組むべきこと」を考え直すためには、ドリーミングやエッセンスを、いつもよりさらに、意識的に共有することが必要だからです。
ロジックだけでは突破できないテーマを扱う会議こそ、個々人のクリエイティビティを引き出す、グラフィックファシリテーションが生きると思います。

これからの時代に「対話」は欠かせないものです。
「個性が開花する」「人が生きる」ことに生かす。この視点で、これからもグラフィックファシリテーションを活用していきたいです。

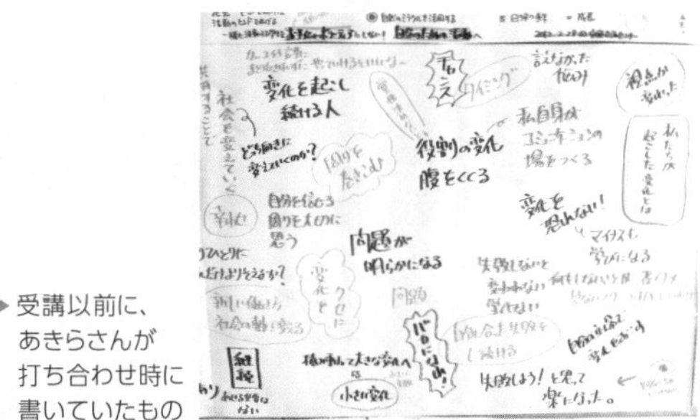

▶受講以前に、あきらさんが打ち合わせ時に書いていたもの

▲あきらさんが、プロコースを経たのち、職場や生活の中で企画や主催したグラフィックファシリテーションより

CHAPTER

8

グラフィックファシリテーションの進め方

グラフィックファシリテーションを実践するときの「流れ」

グラフィックファシリテーションを実際に自分で実施するとなると、「当日」どう描くかばかりに意識を向けがちですが、**深い対話を実現するには、「事前」の準備が欠かせません。**

まずファシリテーターは、「事前」から「当日」までの「大きな流れ」を思い描きましょう。 そして、グラフィックファシリテーションのある対話を通じて「参加者はどうなっていくかなぁ」と、やさしく思いを馳せてください。

ファシリテーションの成果は、場の活性化や理解が深まっていく「プロセス」にあります。 参加者がどのような「主体性」の芽を出し、育てていくか。どんな花を咲かせていくか。**豊かなプロセスを願い、対話の全体像を想像しましょう。**

それから、深い対話に向けて必要な8つのステップを重ねていきましょう。

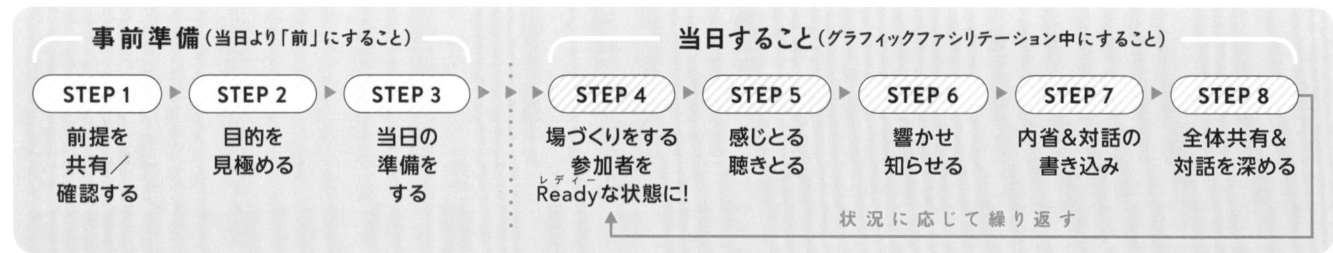

事前
当日
ステップ1
前提共有
ステップ2
目的を見極める
ステップ3
準備
ステップ4
場づくり、レディーな状態にする
ステップ5
感じとる
聴きとる
ステップ6
響かせ知らせる
ステップ7
内省＆対話の書き込み
ステップ8
全体共有＆
対話を深める

#001

「事前」のアドバイス

「背景」に耳を傾け「目的」を見極めよう！

▶▶▶ 当日、本質的な目的を叶えるためには、事前に場を「見立てる」ことが肝心です。

ファシリテートする「場」について
どんな人が参加するのか、
人数や話し合いのテーマなど
まずは「前提」を確認しましょう。

背景に耳を傾けて
相手を深く理解し、
本質的な「目的」を
引き出そう。

「前提」として共有されるのは、たいてい短期の「目標」や「実施条件」…！

グラフィックファシリテーションを行うのが、自分の組織内であっても、外部の場であっても事前の打ち合わせは欠かせません。

どんな会議（話し合い）なのか、日程や開催場所はもちろん、何人参加するのか、参加者の属性やタイプ、特性や心持ちなどの「前提」を確認しましょう。

そして、**もっとも大切なのは、その会議の目的「なぜその会議をやる必要があるのか」を確認すること**です。

前提情報や依頼条件はもちろんですが、依頼に至った「背景」や「なぜ、この会議でグラフィックファシリテーションを導入する必要があると思ったのか」に、耳をすませましょう。

注意点は、依頼者が会議やグラファシを導入する「目的」をスラスラ話せると思わないこと！
たいてい、打ち合わせで最初に話されるのは「目的」ではなく、その人の目の前に迫った短期的な「目標（指標）」であることがほとんどです。

事前の打ち合わせから、すでにファシリテーションは始まっている

「なぜ数値を上げる必要があるのですか？　低かった理由は何だと思いますか？」

「それは、組織にとってどんなシグナル（合図・予兆）を表すとお考えですか？」

「なぜ会議にグラフィックファシリテーションが必要だと思っているのでしょう？」

「組織のより良い未来につなげていくには、会議で何が語られることが大切だと思いますか？　イメージはありますか？」

ファシリテーターは、事前の打ち合わせで、依頼の背景や理由を丹念に紐解きましょう。
依頼者と一緒に目的を**深堀りしていくことが、当日の深い対話につながります**。目的とは、なぜ、この会議をする必要があるのか。なぜ、グラフィックファシリテーションを導入する必要があるのかです。

目的の深堀りを面倒くさがってちゃ、ダメです！　事前の打ち合わせから、すでにファシリテーションは始まっています。場合によっては、事前の打ち合わせでグラフィックファシリテーションをする必要だってあるでしょう。

事前に、場を「見立てる」ことが大事！

会議の本質的な目的が明確になったら、**次に「目的のためには、当日、何が語られる必要があるか」を具体的にイメージ**します。**それを、「見立てる」**と呼んでいます。

参加者が**「何を話すことができたら、自身の主体性に火がつくのか」**。

会議で、**お互いに何を共有することができたら、参加者の意欲や目的と、会議の目標やゴールに「一貫したつながり」を感じる**ことができるのか。どうしたら、それが叶うのか。

ファシリテーターが、ありありとその様子をイメージすることで、当日、何を感じとり、描けばいいのかがわかってきます。

また、事前の「見立て」に基づいて、グラフィックファシリテーション当日の流れや具体的なプログラムを設計し、必要となる準備物の手配や、参加者への案内を行います。
「見立て」は、深い対話のかなめなのです。

「見立てる」時は、あらゆる立場になりきってみよう!

私は、場を見立てるために、社史やニュースを調べたり、事前に参加者からアンケートを取ることもあります。

重要なのは、**実際に起きている「出来事」だけでなく、それによって、どんな「感情」を抱いていそうか。どのような「暗黙知」がありそうか。**
机上の空論でなく、**リアリティを持って想像し、その立場になりきって思い浮かべる**ことです。

身も心も参加者になりきって、自分に問いかけてみましょう。

「どんなことが、目的の障壁や障害になりそうか」
「『場』全体に対して、どのくらい影響がありそうか」
「参加者は、心を開き、安心して語れる状態か」
「会議の参加に前向きか」
「目的は伝わっているか」
「語ることに納得し、心から合意しているか」
「心理的な障壁はないか」
「対立をあおるような、意識の分断はないか」

あらゆる立場になりきってくまなく想像し、何が語られる必要があるか、何をお互いに共有できたらいいか、十分に思いを巡らせましょう。

参加者のどんな声も「必要な存在だ」と思えるほどに、十分「見立て」よう!

参加者の現状から、目的の障壁や障害になりそうなことを推察し、仮説を立て、影響度をはかることまでが、「見立て」として大切です。

見立ては、目的のさらなる見極めにつながり、当日「何を抽出して描くか」を決定づけます。

参加者のどんな声も、場にとって「必要な存在だ」と思えていれば、十分に「見立て」ができている証しです。

当日、どんな意見が飛び出しても、**ファシリテーター自身が、焦らず恐れず、対応できます。**

「当日」のアドバイス　対話を深めるための意識の向け方

▶▶▶ 当日は、"今"を「感じとること」に集中しましょう！

グラフィックファシリテーションの当日、
ファシリテーターは、個人の「純粋意欲」につながる
「エネルギー」の現れやカケラを
感じとって表現しよう！

「見立て」と「感じとる」を
くり返し、
何度でもやってみよう！

「感じとって」いるのは、参加者のエネルギー！

事前に、十分な準備をしてきているからこそ、当日は、参加者がどんな発言をしても大丈夫と自分を信じて、「責任」をもって「無責任」に描くことができます。
「どんな声でも、やわらかく受けとめるよ～」といった雰囲気で臨みましょう。

ファシリテーターは、今、「場」にどんなエネルギーがどう現れるかに集中し、参加者のエネルギーを「感じとって」描いていきます。

エネルギ　とは、「前向きな意見」や「賛成派の様子」といった、いわゆるポジティブ要素だけを指してません。**「抵抗勢力」や「反対意見」「後ろ向きな言動」といった、ネガティブに現れるエネルギーも、もちろんOK！**

その人の本音や意志、ひいては、その人の奥に眠る「純粋意欲」が刺激されているから、エネルギーとして場に現れているのです。ギラギラ燃え盛る太陽のような時もあれば、シトシト雨が降り続けるように、エネルギーが現れることもあるでしょう。

ファシリテーターは、一人ひとりのエネルギーを拾うと同時に、全体としてのエネルギーも感じとってグラフィックに表現し、参加者本人の目の前で、場の「今」の状態として描き、見せます。

参加者が自分のエネルギーが反映されたグラフィックを目の当たりにし、どんなエネルギーを発しているのか、自ら気づくことが大事なのです。

一人ひとりの「好き」がつながって、存在意義のエネルギーが流れ出す

私たちは、個人的な「好き」や「欲求」は、職場では出してはならないと思いがちです。だから「依頼、指示、命令されたから、やる」「担当だから、やる」になってしまうのです。

自分の純粋意欲（原動力）とつながって、「自分がやりたくて、やる」へ。
ふつふつと湧く個々の純粋意欲が集まり、「場」全体の大きなエネルギーとなってチーム（組織全体）の存在意義を形づくったとき、参加者全員が会議の必要性とこの場にいる必要性を、はっきりと認識できるのです。

ファシリテーターは、こういった場の流れに寄り添って描き、参加者の「こうしたい！」「やろう！」という「芽」を見逃さないよう、会議や話し合いの「拡散」から「収束」まで、伴走します。

「見立てる」と「感じとる」をくり返そう！精度を高めよう！

参加者の「主体性」が芽を出し、育ち、のびのびとそれぞれの花を咲かせていく「豊かなプロセス」のためには、ファシリテーターの「見立て」と「感じとる」"精度"が大切です！！

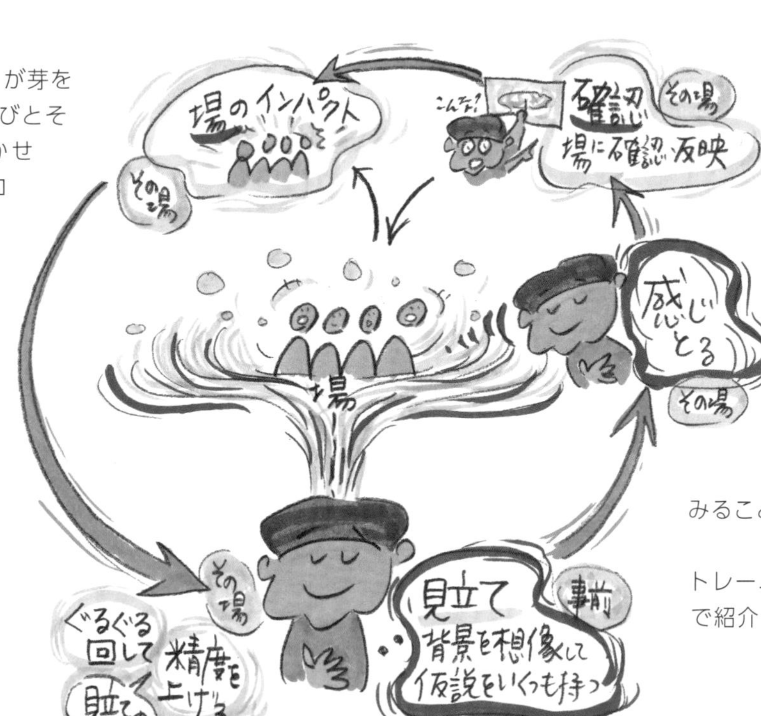

これは、くり返し挑戦し、経験を重ねていくほかありません。

たとえしくじった、と思っても、めげずくじけず、何度でもやってみることが大事です。

トレーニング方法は、CHAPTER 9で紹介します。

当日、たとえばこうしてみよう！

①目的とテーマの確認

当日の流れを左右するとても大事なポイント。
目的とテーマが、参加者の純粋意欲（原動力）とつながっているか、自分たちが語る必要性と必然性を理解し、納得しているかを、最初に確認する。

その後、上手く対話が流れていかない場合、目的に納得していなかったということが、ほとんど…！

②参加者の発言を絵と文字で描く

ファシリテーターは、参加者の発言の幅を狭めない！
場の流れをコントロールするのではなく、目的やテーマにのっとって、話が「拡散」するよう「何を話してもOK」の雰囲気をつくることを、まず心がける。

目的とテーマに関して、思っていることをお腹の底からすべて出し、話し合いのテーブルに、全部上げられるよう意識する。

③参加者が３人１組で対話しながら、響いた所や気になる所に、絵でも文字でも、自由に描き込む

参加者が思うこと、感じていることが、模造紙いっぱいに描き出されたら、みんなでその模造紙を眺める。

参加者自身がペンを持ち、感想や共感、ツッコミなど、気になる部分に、直接、描き込みを加える。３人１組に分かれ、さらに話を深め、どんどん描き加えていく。
場に出されたみんなの声と、自分の声が混ざっていく重要なプロセス。

③のポイント 少人数のほうが、声は出やすい!

参加者内に上下関係や利害関係がある人同士が混在する場合や、多数派と少数派の対立などがある場合、少人数になることで、立場が弱い人が声を出しやすくなる。小さな声も「場の声」として等しく扱い、大切に向き合う場づくりにつながる。

④全体共有、対話を深める

①〜③までで描かれた一連のグラフィックを、参加者が俯瞰して眺められるようにし、対話の流れや、話の盛り上がり、エネルギーの強弱、印象に残ったところなどを振り返る。振り返りを通して、参加者自身が、改めて、気づきや感想、意見などを話せると良い。

自分の純粋意欲に照らして優先順位をつけ、自ら収束に向けて決めていけるよう、参加者の声にそって、色や線を使って、収束に協力する。

④のポイント

参加者による描き込み/描き込みの量が多い所は、気になるポイントの現れ。

参加者にとって関心が高く、意味を持つことが描かれていることが多いので、小さい字でも、見逃さないよう気をつけて!

④のポイント

目に見えない「ドリーミング」や「エッセンス」を見える化することで、自分たちにとっての意味や意義といった、青くさい話も、グラフィックを介することで、てらいが和らぎ、話すことができる（対話に居留まることができる）。

⑤さらに深掘りをして話す必要がある、話したいと決めたテーマへとブレイクダウンし、再び①から、対話を繰り返す。

会議の目的と照らし合わせ、さらに話す必要がある内容へ、参加者と共に、踏み込んでいく。

①〜⑤までの対話の流れや大切に語られて箇所を総括し、お互いに深く理解し合うプロセスを着実に辿ってきていることを認知し、時に、あたたかくねぎらう。参加者の「こうしたい！」「やろう！」の「芽」を育み、次へといざなう。

#003

「当日スッキリすること」が、大事なのではない

▶▶▶ モヤモヤの奥に、自分の根源的な原動力が眠っています。

モヤモヤを持ち帰ることで、
自分自身が確信を持って
「これだ!」と思える
「瞬間」が来る。

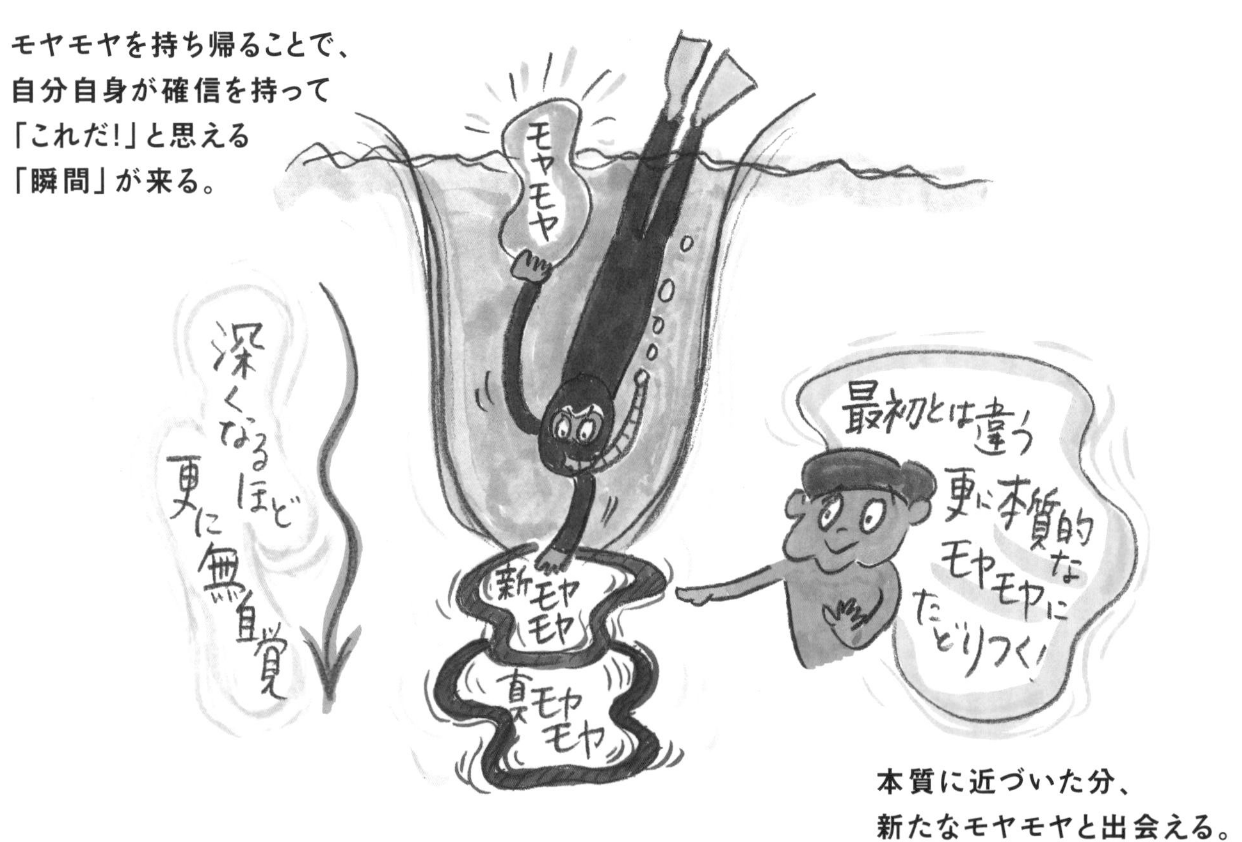

本質に近づいた分、
新たなモヤモヤと出会える。

「モヤモヤ」を抱え続けることが、より確かな「自分ごと化」につながる!

グラフィックファシリテーションでは、一つの目的やテーマに対して、何度か対話をくり返して、深めていきます。**実は、対話の「当日」に、すべてスッキリと解決することは少ない**です。

「課題解決脳」「効率重視」で進めてきた人にとっては、モヤモヤの存在は、不快で居心地が悪いと感じるかもしれません。中には、モヤモヤが晴れなかったことを指して、「対話」は失敗だったと言う人もいるかもしれません。

しかし、釈然としない**モヤモヤを抱えることで、かえって、そのことについて深く考えたり、思いを巡らせることができます。それが、大事**なのです!

「モヤモヤ」の一つひとつが、未来を創る

モヤモヤを抱えたまま仕事に戻り、日々を過ごしていると、ふと、**抱えていたモヤモヤと目の前で起きている現実が重なり、「あっ！　こういうことだ！」と、感じる瞬間が必ず訪れます。**

その瞬間、対話されていたことが、**より確かに「自分ごと」となり、**さらなる気づきを得、自分の深い意識とつながって、**新たな行動を生み出すのです。**

たとえモヤモヤ状態が続いていたとしても、今、抱いているのは、もう最初のモヤモヤではありません。

もし、会議や話し合いの終了後、参加者が不安や不満そうにしていたら、一言、声をかけましょう。

安心してください、より本質に近づいたモヤモヤと、共にいますよ！

現代人に「ちょっと待った!」をかけるために、描く

私たちのビジネスシーンは、慌ただしい場面も多く、成果を出さなきゃ、結果を出さなきゃと、追い立てられ、いつの間にか「効率良くこなす」「早く結論を出す」ことが目的だと、思い込んでしまっているかもしれません。

しかし**本来の仕事の目的は、「なぜ、自分はこの仕事をするのか」「なぜ、自分はこの仕事をしたいのか」**です。

心から誇りを持って、主体的に「これをするんだ！」という意識を持ち、自ら決意できると、その仕事は「作業」や「業務」「労役」ではなく、**可能性への「挑戦」となり、「天職」や「人生をかけてやりたいこと」へと、つながり**ます。

グラフィックファシリテーションは、立ち止まって考えることが苦手になってしまった、せっかちな**現代人に、「ちょっと待った！」をかけるために描いている、とも言えます。**

お互いの「好き」や「個性」「背景」を生かし合って未来を創る

グラフィックに描き留めながら進める会議や話し合いは、これまでの課題解決のための「効率」を重視した会議とは、テンポも雰囲気もプロセスも、まったく異なります。

だからこそ、いつもと違う視点で発想できたり、いつの間にか忘れてしまった自分の「純粋意欲」を湧き立たせることができるのです。

あるいは、すぐ言葉にできる人も、深く感じ入ってからじんわりと言葉にする人も、その個性のままに、**等しく、場の声として光を当てる**ことができるのです。

焦りすぎや、急ぎすぎ、競いすぎの中で、他人に対しても、自分に対しても「声なき声」として追いやり、隠されていた所にこそ、新たな創造のタネが眠っています。

答えは、参加者の中にある。相手を信じて、場に臨もう

グラフィックファシリテーションで描かれた「ドリーミング」と「エッセンス」こそ、まさに、「目には見えないけど、たしかに存在していた現実」から立ち現れた「声なき声」です。

意図的、意識的に立ち止まり、モヤモヤに居留まる。お互いのいろんな思いや考え、背景を共有する**「寄り道」や「余白」をあえて、つくる。**
それこそが、未来を創る、これからのビジネスの姿だと思います。

未来への答えは、語り手自身、参加者自身の中にある。

ファシリテーターが「答えを出そう」「導こう」と焦らずに、相手を信じ、好奇心を持って、聴き描きましょう。

職場で実践している受講者に聴きました その2

▷「グラフィックファシリテーション講座」の基礎・アドバンス・実践編の受講を経て、グラフィックファシリテーションのプロコースに臨んだ、受講者の活動をご紹介します。

PROFILE

たつもさん（女性・40代）

埼玉県 在住
大手IT企業にて人事育成を担当

Q なぜグラフィックファシリテーションを学ぼうと思ったのですか

●「見えているもの」のズレが生み出すもどかしさを、なんとかしたかった

私の職場は、多様な業種業態のお客様とともに、情報技術を活用した新しい社会のしくみを創造し、世の中に実装する取り組みを続けています。世の中の動きや人々の生活の変化を見据え、先進テクノロジーを活用したサービスから社会を下支えする大規模システムまで、幅広く提供してきました。

そんな先輩方からバトンを受けとる私たちが、より変化の激しいこれからの時代にどんな価値を生み出していくか。「自分たちらしさ」とは何か。 2014年頃から、自部門で改めて自分たちの提供価値を考えてみる動きが活発化し、その一つにボトムアップでこれからの提供価値を考える取り組みがありました。

現場と経営サイド、それぞれの立場からこの先の未来と自分たちのあり方について意見が交わされていましたが、多様な視点は時として見解のズレやすれ違いが起きているように感じられることもありました。

お互い同じ目標に向かっているのに、どうしてズレが起きてしまうのだろう。私はその状況を横で見ていて、なんとももどかしい思いでした。

その時ふと、以前先輩に教えてもらった、対話を見える化する、グラフィックファシリテーションという方法を思い出したのです。
すでにプロジェクトは終盤に差し掛かっていて導入に至りませんでしたが、数年後、若手社員と部門長との対話会企画を立ち上げた際、**今度こそグラフィックファシリテーションの力を借りて、同じ目的に向かって進むことのできる対話の「場」を実現したいと奮起し**、導入にこぎつけました。そして自身も、講座を受けました。

Q グラフィックファシリテーションを導入して、どのような変化や気づきがありましたか

◎深い感覚を共有して初めて、スタート地に立てた

自分も講座を受けたことで、場への効果や影響度を理解しながら、企画設計にあたることができました。

山田夏子さん（なっちゃん）にも、**会議の場だけでなく事前のプログラムづくりから入っていただき、より深い対話の場づくりに向けた準備を整えていくことができました。その時、主催側は何を目的にこの場を持つのか、何度も繰り返し確認されたことを今でも覚えています。**

体験型のワークを組み込んでの場づくり。生々しい感情を伴った一瞬答えに窮するような言葉、いつもなら議事録には残らないような小さな声も、なっちゃんによって、模造紙の上に、描きとどめられていきました。

言葉だけでは伝わりにくかったニュアンスや、言葉になる前の感覚も、グラフィックがあることで共有できる。**そこまで深い感覚を共有して初めて、本質的な話し合いや、自分たちはどうしたいのかを考え始めるスタート地点に立てるんだ、と改めて感じました。**

▲受講当時、たつもさんが、講座内で挑戦したグラフィックファシリテーションより

Q グラフィックファシリテーションのさらなる活用イメージがあれば教えてください。

○一人ひとりが抱えているモヤモヤの向こうを描き出し背中を押したい

組織の中でグラフィックファシリテーションの体験会を実施したり、勉強会を開いたりしてきた成果が少しずつ実り、**仲間が増え、組織内でのグラフィックファシリテーションへの理解や活動の輪が、広がって**きています。

これからは、社員一人ひとりが、今の自分の状態に気づき、自分自身の働く意義や意味に立ち返るような活動に生かしたいです。

モヤモヤした思いの向こうにある願いや想いを描き出すことで、その人たちが再び前に進む一助になりたい。
グラフィックファシリテーションがもつ「本質的な力」をこれからも探求し、広めていきたいと思います。

▶たつもさんが、プロコースに臨む過程で自分自身の職場や生活の中で企画や主催したグラフィックファシリテーションより

CHAPTER

9

ファシリテーターの「あり方」

#001

ファシリテーターの「あり方」を鍛える その1

▶▶▶「コントロール」してしまう自分に問いかけ、改めましょう。

ファシリテーターの
「あり方」は
場に影響を与えます。

自覚的になることで、
場に良い作用を
もたらすこともできます。

自身の「やり方」の
判断基準にもなるでしょう。

ファシリテーターの「あり方」は、場に現れる

ファシリテーターの「あり方」とは、その人の周りに与える存在感のことです。ファシリテーター自身が、自分の純粋意欲、目的（パーパス）と日常行動に、一貫したつながりを感じられているかどうか。自分自身の「ドリーミング」や「エッセンス」に自覚的であるかどうか。自分はどうありたいか。「あり方」はファシリテーターにとってとても重要です。

なぜなら、ファシリテーターの「あり方」は、グラフィックファシリテーションする場に、大きく影響するからです。

たとえば、ファシリテーターが「しっかりした人、きちんとした人でありたい」と強く願っていると、「ちゃんと描かなきゃ！！」と、自分にプレッシャーをかけながら描くようになります。

すると、参加者も、きちんと描かれた絵を見ているうちに「ちゃんとしたことを言わなきゃ！」とプレッシャーを感じるようになります。

ファシリテーターが、自分にプレッシャーをかけていると、絵や雰囲気を介して、参加者に伝播してしまうのです。

「あり方」が影響するって、どういうこと？

ファシリテーターは、グラフィックファシリテーションを始める前に、自分自身の心身のコンディションに意識を向けましょう。

そして、**「この会議では参加者に、どうあってほしいだろうか？」をイメージしましょう。参加者の「こうあってほしい姿」を、ファシリテーター自身が、体現できるよう努めましょう。**

参加者に、リラックスしてオープンになんでも話してほしいと願うなら、ファシリテーター自身もリラックスできるよう心がけることです。深呼吸をしたり、好きな香りをかいだりするのも良いでしょう。

もし、グラフィックファシリテーションをすることに、プレッシャーや緊張を感じていたら、隠したり取り繕ったりせず、最初に、参加者に素直に心情を吐露するのも良いでしょう。かえって、誠実さや実直さが伝わって、参加者の緊張も解けるかもしれません。

「ファシリテート」は「コントロール」ではなく、「意図する」

※MIT上級講師ピーター・センゲ氏が提唱する「学習する組織」を日本企業の人材育成や組織開発にもたらし、C.オットー・シャーマー著『U理論(Theory U)』の翻訳出版などを手掛ける、由佐美加子さんからの学びによります。

ファシリテーターが不安に思っていると、参加者をファシリテートすることはできません。**焦りや不安の要因は、**たいてい、**事前に十分な場の「見立て」ができていないこと**にあります。

「見立て」ができていないと、参加者から予期せぬ発言が出た時に焦ってしまい、発言を遮ってしまったり、絵に描けない（描かない）という行動をとってしまいます。

ファシリテーターが想定していた進行に押し戻そうと制御したり、目の前に課されたゴールに無理やり連れていこうとしてしまうのです。**これは、ファシリテートではなく「コントロール」**になります。

「コントロール」は、ゴールに「参加者を連れていかねばならない！」というファシリテーターの“エゴ”や、「上手くできなかったらどうしよう」という“恐れ”から起きます。

「意図する」とは「こうなったらいいなぁ」と、愛を持って関わること

ファシリテートは、「こうしなければ」と強制や抑制するのではなく、「こうなったらいいなぁ」と、ファシリテーターの“愛”から、参加者のより良い状態を願うことです。

“祈る”感覚にも近く、参加者が自身の力でエネルギーの循環をつくり出せると信じて、関わることです。

ファシリテーターが「参加者を導き、連れていかねば！！」と思って関わっているうちは、参加者は主体性を発揮できません。かえって、どんどんファシリテーターに依存します。

参加者から、ちっとも意思や意欲が芽生えてこないと感じたら、ファシリテーターが「コントロール」してしまっているせいかもしれません。

参加者の主体性を「信じて」、背中を押す

そんなとき、ファシリテーターは自分の胸に手を当て、恐れやエゴがないか自分に問いかけ、改めましょう。

最終的には、自分がファシリテーターとして関わらなくても、参加者が自分たちの力で、話を深め、意志ある決定に向けて、みんなで主体的に合意していけるよう支援していることを、どうぞお忘れなく！

子どもを慈しみ育てるがごとく、「彼らなら、きっとできる」と信じて、愛を持って関わることが「意図する」ことにつながり、結果として「場」は主体的なものへと変容していきます。

ファシリテーターの仕事は、参加者を信じて、そっと背中を押すことなのです。

ファシリテーターの「あり方」を鍛える その2

▶▶▶ 参加者の多様性を生かし合うには、自分の中の「多様性」を認めましょう。

自分の中の
「あってはならない自分」の存在を認めることで、

ファシリテーターとしての
許容範囲（器）が広がり、
場の可能性が広がります。

「許せない自分」の要素が、周りで目につく

ファシリテーターの「あり方」は、ファシリテーターの許容範囲（器）の広さともつながっています。ファシリテーターの許容範囲（器）の広さが、場の居心地の良さや、参加者が安心して話せる雰囲気をつくります。

ファシリテーターが心の中で「こういう人は好きじゃない」「こういう行動を取る人や、こういう発言をする人は、この場にふさわしくない」と思っていると、たとえ声や態度に表しているつもりがなくても、参加者は、どことなく居心地の悪さを感じるでしょう。

参加者、もしくは日常生活の中で、自分の周りに「好きじゃない」「嫌だ」「ふさわしくない」と思う行動を取る人が目につくとき、それは、ファシリテーターが、自分には「ないとしている感情」「許してない行動」が、周りで目についているという状態です。

そんな時、ファシリテーターならば自分の器を広げる、意識の成長に向き合うべきチャンスが訪れていると、とらえましょう。

「人の意識」の図を見てみましょう。あなたも思い当たること、ありませんか？

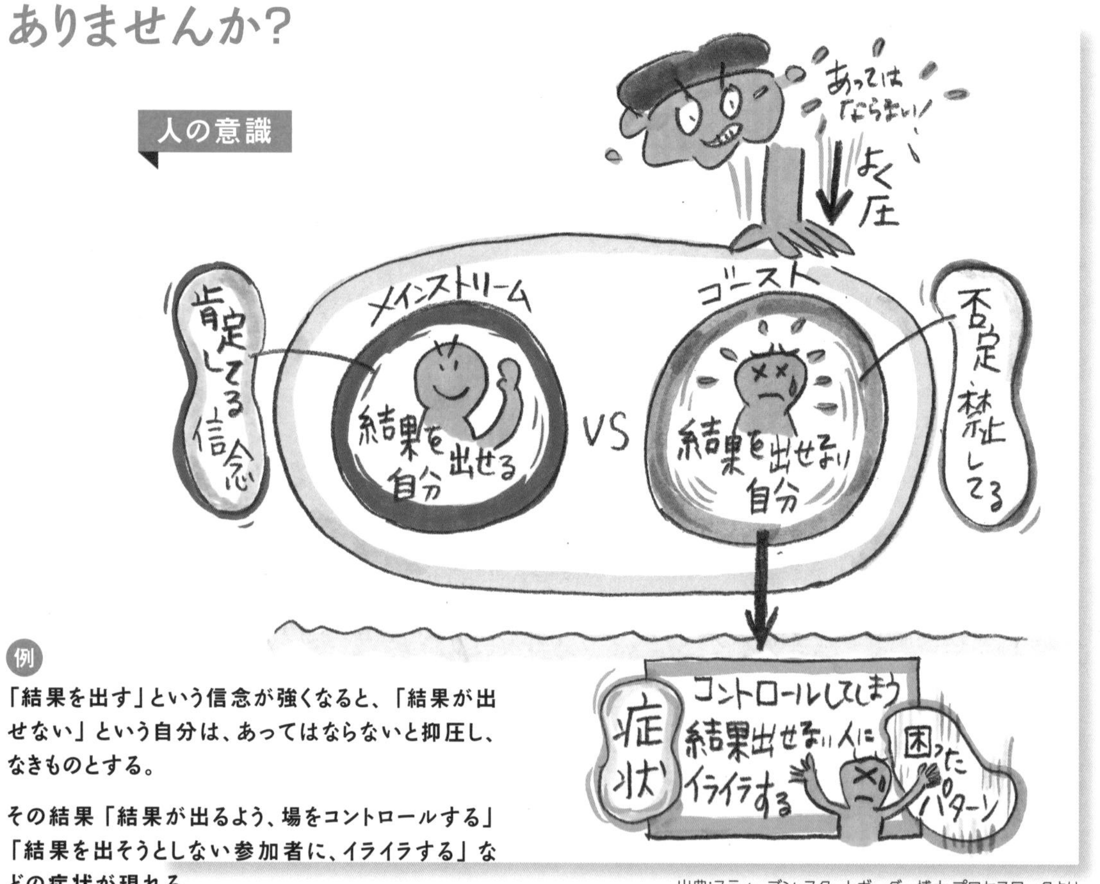

出典:スティーブン・スクートボーダー博士 プロセスワークより

例

「結果を出す」という信念が強くなると、「結果が出せない」という自分は、あってはならないと抑圧し、なきものとする。

その結果「結果が出るよう、場をコントロールする」「結果を出そうとしない参加者に、イライラする」などの症状が現れる。

スティーブン・スクートボーダー博士が解説する「人の意識」

メインストリーム

自分が良し(善し)としている信念。強まると、「〜ねばならない」「〜すべき」と、使命感や義務感を帯びる。
持てば持つほど、その反対側の意識を「こうあってはならない」と、自分を抑圧する。

ゴースト

自分に抑圧、禁止している意識。本来存在しているはずだが「なき(亡き)もの」にされている意識。

症状

メインストリームを大事にするあまり、ゴーストが抑圧され、結果として生じる、困った状態(肉体的あるいは精神的)。

※この表現は、プロセスワークの教育プログラムを世界の多くの国々で共同開発したスティーブン・スクートボーダー博士の解説に基づいています。スティーブン博士が顧問を務めており、プロセスワークを組織開発やコーチングに適用している「バランスト・グロース・コンサルティング社」のご協力により、紹介しています。

参加者の態度や様子に、ファシリテーターが「反応(※)」してしまう場合、ファシリテーターが自分自身の中で、その態度や要素を許せていないために、反応が出ていることがほとんどです。

ファシリテーターの中に「許せない自分」がいると、その「許せない自分の要素」が、周りの人の行為として目につき、反応してしまうのです。

一方、自分自身の意識や行動として許容している範囲が広い人は、他人に対する許容範囲(器)も広く、一緒にいて居心地の良さや安心感があります。

参加者や周囲に対して「反応的」になっている自分に気づいたり、困った状態が起きたら(症状の現れ)、意識の成長に向き合う時です。

メインストリームとゴーストは、自分にとっては、あまりに当たり前の意識のため、「症状」として現れるまで、自覚が難しいものです。症状を手がかりに、自分をグラフィックファシリテーションし、自分の無意識・無自覚な領域を探求してみましょう。

※「反応」:条件反射的に生じる、許せない感じ、ムッとする感じ、論破したくなる感じなど。

まず「自分の中の多様性」を認め、受け入れよう

「ダイバーシティー」や「インクルージョン」という言葉を見聞きする機会も増えてきました。ファシリテーターが「多様性を認めましょう」と、口にすることもあるでしょう。他人の多様性を認めるには、まず、自分の中の多様性を認めることからです。

「許せない自分」
「好きじゃない自分」
「あってはならない自分」
を抱えていては、本当の意味での多様性を認め合うことは、なかなか難しいでしょう。

「自分の中にも、そういう好きじゃない要素って、実はあるよね」
「そんな自分がいても、いいんだ」
「そういう時もある」

いろんな自分を許容することが、ひいては、場に現れるさまざまな声や、多様な参加者を受け入れることにつながるのです。

次ページに、器を広げる、意識の成長に向き合うための「自分に向けたグラフィックファシリテーション」の方法をご紹介します。
必要な時が来たら、取り組んでみてください。

自分に向けたグラフィック ファシリテーションの手順

①「症状」に気づく

自分にとって、困っていること（人間関係における許せなさや、繰り返し出てくる困ったパターンなど）を描き出す。

②「症状」につながる「信念」を探る

どのような信念や思い込みが、その症状につながっているか。どんな要素が許せないのか、腹立たしい、絶対にヤダ！　と感じる要素などを描き出す。

人は、たくさんのメインストリームとゴーストを持つ。
大きなゴーストを言い当てると、ゾッとしたり、表情が一変するなど、身体的な反応も出ることがある。

③メインストリームとゴーストを対話させる

「症状」の元となっている、メインストリームとゴーストの二極が明らかになったら、それぞれの「極」を表す自分の「主張（言い分）」や「背景」を、両方の立場からさまざまに描き出す。グラフィックをじっくりと眺める。

意識の成長は、「Aに固執していたけど、Bであることも許せる」という感覚。Aの自分もBの自分も認め、受け入れることが意識の統合であり、ファシリテーターとしての器が広がる瞬間です。

#003

組織の「あり方」を見立てる

▶▶▶ 組織を一人の「人」のようにとらえて、症状を見つけていきましょう。

「一人」の中で
起きていることは、
「組織」の中でも
起きていきます。

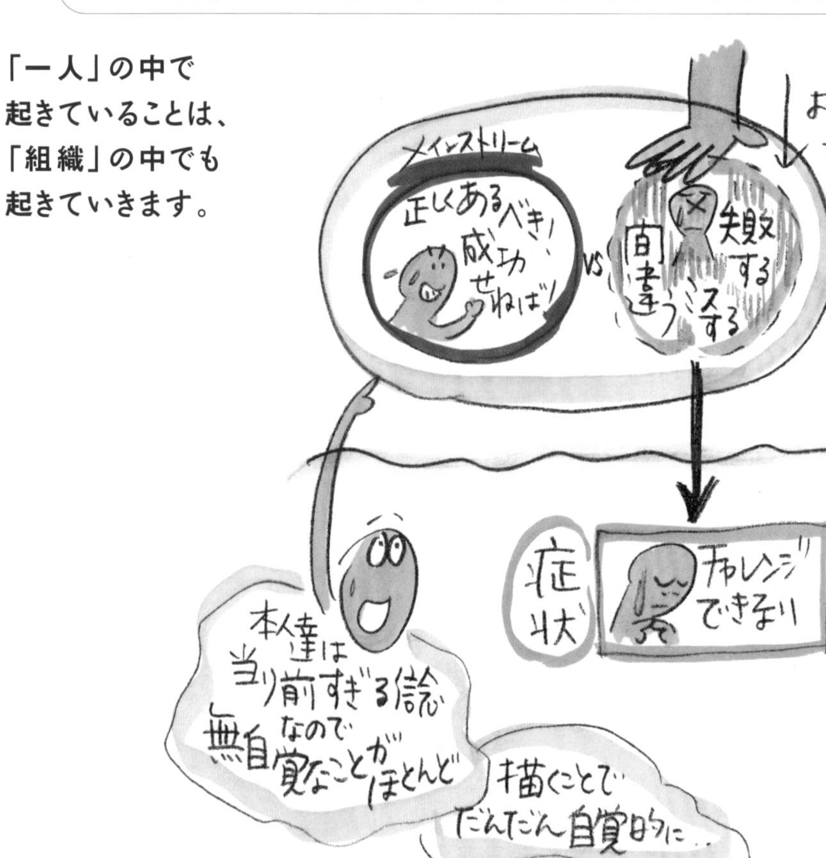

組織に「症状」が出るとき、
それは変化の兆しです。
過渡期には、さまざまな対立や
分断として現れます。

組織の集団意識をあぶり出し、根本解決に踏み込む

組織に「症状」が現れる場合、その組織を構成する人の「集団意識」が影響しています。

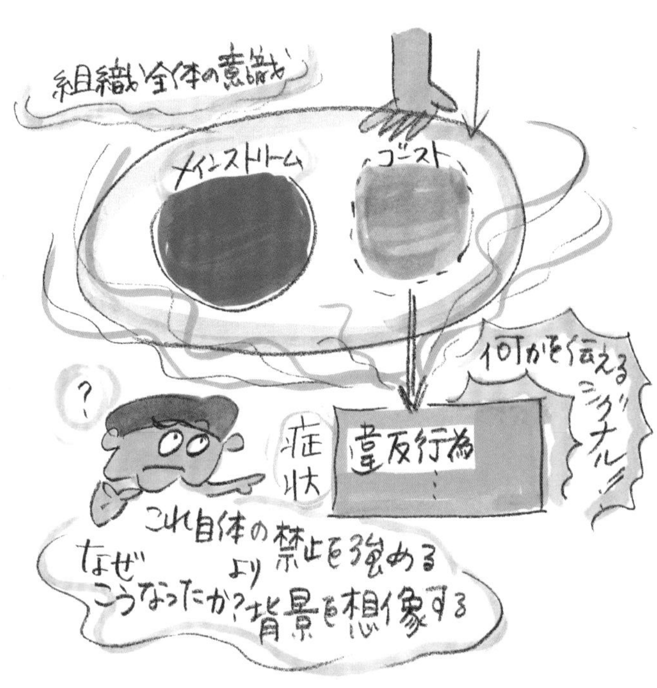

たとえば、明らかな違反行為が発生したとしましょう。これは、組織が持つ集団意識（社内風土や慣習）を変革する時が来たことを伝えているシグナルです。
コンプライアンス体制を強化し、単にルールで規制するだけでは、違う症状が現れるでしょう。

場当たり的な対処や、社員が腑に落ちない表層的な対応では、根本的な解決には至りません。集団意識を形成しているのは、社員一人ひとりの無自覚な思い込みや、長きにわたって形成されてきた暗黙知です。

こんな時、私は**グラフィックファシリテーションを使って、組織内の人たち自身にとっては「当たり前」になりすぎて見えなくなっている領域を描き出します。**

「違反せざるを得ない状況に至ったのはなぜか」
「どんな背景があったのか」
「違反が起こらず、健やかに企業活動を持続させるには、何が必要なのか」
組織として成長するために、メインストリーム側とゴースト側に立っている人が、それぞれお互いを許し合い、認め合うことを目指して、必要な対話や活動を支援していきます。

TRY #001

「感じとる力」を育むワーク その1

✔ 恋に落ちるように自然のエネルギーを感じとろう!

グラフィックファシリテーションの当日、場のエネルギーを「感じとって」描くことにつながる、ワークを紹介します。感じとる力は、日常のスキマ時間の中で、育むことができます。

【「感じとる力」を育むワーク】

①紙とペンを用意します。

②人や植物、動物など、生きている存在や自然を描く対象を目の前に置きます。人工物や加工品、写真・映像は、感じとるワークでは対象にしません。

③30秒~1分間、目の前の対象を愛でるように、よく観察しましょう。

(例) 花を前に、茎のスーッと伸びる様を感じたり、花びらのなんとも言えない色合いや、繊細なやわらかさなどを「感じ」、「観察し」、恋に落ちるかのように「愛で」ます。

④次の1分で、描きます。

このように、**対象の美しさや愛しさを味わってから描くと、いきなり描き出すよりもずっと、一本一本の線に意思を持って描くことができます。**

花を愛でるように観察することも、会議の場の雰囲気を感じとることも、自分の感性を開いて（感度を上げている状態で）とらえるという意味では、まったく同じことです。

会議でも、場が盛り上がったり、沈んだり、止まったり、まるで生きているかのように、一瞬ごとの変化や雰囲気に流動性があります。

その様子を愛でるように、感じとって描いていると、グラフィックを目にしている参加者の感性も刺激され、感度が高まり、参加者の自覚を促します。

会議や話し合いの場で、勝手に解釈せず、話し手の話すまま、ありのままを描けるようになるには、「感じとる力」を育むワークを、くり返しましょう！

上手く描こうとする意識や、特別な描き方をしようと背伸びする気持ちを手放し、見たまま、感じたままを、素朴に、誠実に描きましょう。

【感じとって描くワーク】
30秒間愛でて、1分で私が描いたアトリエの植栽「モンステラ」

TRY #002

「感じとる力」を育むワーク その2

✔ 自分の「エッセンス」に意識を向けて感じとり、お互いに共有しよう！

日頃から、自分の感情や感覚に意識を向けることも、「感じとる力」を育むことにつながります。

会議（話し合い）の冒頭に日常的に取り入れることで、より良い会議になる、アイスブレイクを兼ねたワークをご紹介します。

【お互いのエッセンスを共有するワーク】

①紙とペンを用意する。

②紙に、今の自分の気持ちを線や点など抽象的な表現で、手にまかせて描いてみる。

③お互い描いたものを見せ合い、相手の描いた絵について、自分の印象を伝えてみる。
その絵から、本人も無自覚だったニュアンスを相手が感じとり、声に出す可能性もある。自分にとって無自覚だった部分を伝えてもらう体験は、自分のことをとても深く受けとってくれた！　という信頼づくりにつながる。

④自分からも、どうしてこう描いたのか？　自分の感覚の言語化を試み、相手に伝える。

会議の冒頭で、いきなり本題から話し出すのではなく、前ページのワークを使って、その場に集まった参加メンバーのエッセンスレベル（今の気持ちや感覚）を、一人ひとり共有するところから、始めることをおすすめしています。

自分の「今の気持ち」に意識を向け、手にまかせて紙に描き出し、その絵を使って共有し合うと、口頭で共有する以上に相手のさまざまな状況やニュアンスを受けとり合うことができるようになります。

自分自身の感覚に意識を向けることで、その後、他の人の意識を感じとりやすくなる効果や、最初に心情や背景を吐露し合うことで、不要な「反応」を引き起こしにくくなる効果もあります。その結果、会議の本題についても、短い時間の中で突っ込んだ話し合いができます。

エッセンスの共有は、自分自身のメインストリームやゴーストに気づくきっかけになることや、組織としての集団意識に気づくきっかけにもなります。
活用してみましょう！

コラム
column

持って生まれた感性をひらこう。感情を大切にしよう。

▷日々、みなさんはどんなことを感じて過ごしていますか？自分の感情のゆらぎや感覚にを手がかりにすると、より良い未来を創っていけます。

◎人は、誰しも「感性」を持って生まれてきている!

「絵心がないんです…」「表現力がなくて…」
グラフィックファシリテーション講座に初めて参加してくださる方が、よく口にする言葉の一つです。はたして本当にそうでしょうか？

私は、そんなことはないと思っています。他人から評価されることや、周りの「物差し」に合わせて判断することに、慣れすぎているだけのように感じるのです。
絵心は、描きたいと思う「気持ち」。表現力は、感じとって表そうとする「エネルギー」。絵心や表現力は絵が上手いか、表現が優れているかといった「評価判断とは別のもの」ととらえてください。

人は、誰しも「感性」を持って、生まれてきています。
「感性」とは、外からの刺激を「エッセンス」レベルで感知し、感じとったものを他の人に表す力です。絵心や表現力は「感性」の領域のこと。安心してください、みなさんにも、間違いなく備わっています。

一つだけ気になるとしたら、**成長するにつれて、だんだんと自分の「感性の毛穴」をつまらせてしまう人が多い**ということ。
グラフィックファシリテーションは、感覚をフル活用して聴き、感じとったものを表現することを大切にしているので、ファシリテーターの「感性の毛穴」は、できるだけ開いた状態にしておきたいものです。

◎感情は、人がより良く生きるための「シグナル」

特に大人になると、悲しい、怒り、寂しいなど、いわゆるネガティブな感情は人前で出すものではないと我慢しがちになります。**周りの人との和を重んじ、目の前のやるべきことを進めるために自分の感情を「なきもの」にしがち**です。

すると、自分の「感性」を閉じていき「どう感じているかわからない」「特に何も思わない」ことが常態化してしまうのです。これが「感性の毛穴」がつまった状態。そのままにしていると、心身の不調といった別の形で現れることもあります。

相手にぶつけることは避けたいですが、自分の中にある感情の存在は認めてあげましょう。感じることは自由です。相手を感じとるには、まず自分から。「自分がどう感じているか」に耳をすませてみましょう。

感情は、自分がより良く生きるためのシグナル（合図・予兆）として存在しています。

ネガティブな感情は「今、自分が大切にされてないよ」「自分の価値観が、損なわれているよ」と教えてくれる存在です。

ポジティブな感情は「自分が大切にされている瞬間」を、教えてくれています。両方とも、必要な存在です。

ネガティブな感情を「なきもの」とするのではなく、人がより良く生きるためのシグナルとして、「純粋意欲」を発見したり、「意識の成長」に取り組むきっかけとして、とらえてみてください。

CHAPTER

10

未来を創る
グラフィック
ファシリテーション

#001

未来や社会を自分たちで描く

▶▶▶ 個人の持つ「アーティスト性」を発揮して、未来の社会を創り出そう！

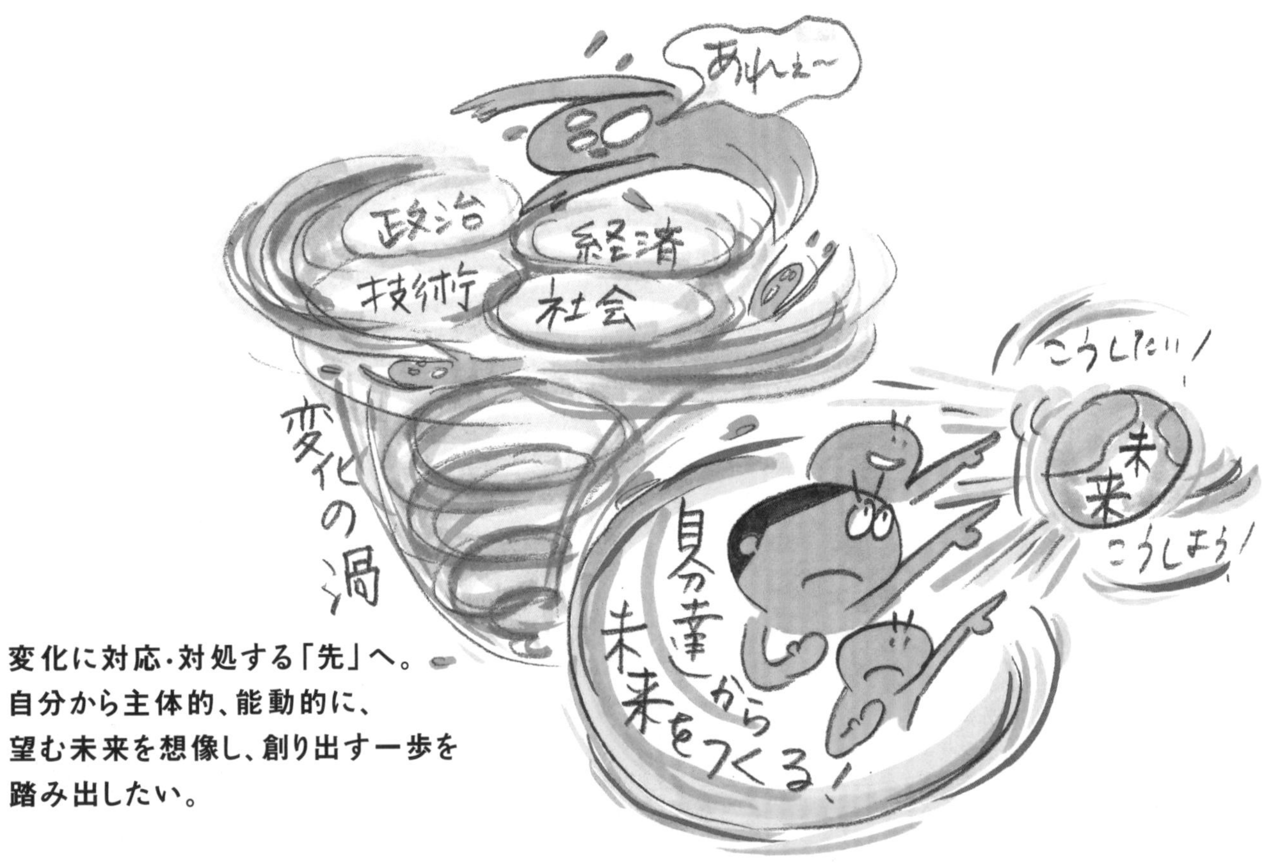

変化に対応・対処する「先」へ。
自分から主体的、能動的に、
望む未来を想像し、創り出す一歩を
踏み出したい。

人は皆、アーティスト。 一人ひとりの「こうしたい」が未来を創る

世の中の変化があまりに激しく、大きな渦に飲み込まれてしまうような感覚に陥ることはありませんか？

そんなとき、私は、大きく深呼吸し、**周りの変化が激しい時こそ自分自身が望む未来を思い描きます**。想像の羽を広げ、頭の中でありありと「こうなったらいいな」と願い、その未来像をグラフィックとして描き出すこともあります。

世の中全体にかかるような大きな願いも、特定の職業や職場にかける願いも、日々の自分の暮らしに関する願いも、自分自身が主体的に「こうしたい」と思い描くことから、実現への一歩が始まると、私は思っています。

「社会彫刻」という概念を提唱したドイツのアーティスト、ヨーゼフ・ボイスは「すべての人間は芸術家である」と言いました。
いかなる人間の営みも、本人が意識的に行ってさえいれば、「自分の未来のために行っている活動」となり、ひいては「未来の社会」を創り出している芸術活動（アート）になる。

私も同じ考えです。**人は皆、生まれながらにしてアーティスト、一人ひとりが未来の社会を創り出す存在**だと思っています。

「優秀さ」の定義も、アップデートされた

未来の社会を創り出す活動の方法や有り様は、時代と共に、常に更新されていると私は思います。

『世界のエリートはなぜ「美意識」を鍛えるのか？』の著者であり、独立研究者、パブリックスピーカーの山口周さんは、時代の変化と共に人の「優秀さの定義」も変わったと話しています。

「優秀さ」とは、その時代に必要な、希少なものを生み出す能力のこと。

かつては「正解を生む力」が必要とされていましたが、今では「新たな意味や価値を見出す・生み出す力」が求められていると、山口さんは話します。

つまり、「優秀さ」は「まだ目に見えていない、意識の上に上がってきていない潜在的な意味や価値を見つけ出す」ことへとアップデートされた、というわけです。

見えないものを見える化することで、人のアーティスト性を解放する

人が人の持つ感性を使って、目に見えない、言葉になっていないものを感じとり、相手に寄り添って表現する。相手がまだ言語化できない何かを、グラフィックで描き出し、共に生み出す。

グラフィックファシリテーションも山口さんが話す「意味や価値を見出す・生み出す力」に資することだと、私は感じています。

一人ひとりが主体的に「こうしたい」「こうなったらいいな」と思ってこそ、より良い未来が創造され、新たな社会を生み出す原動力になるはず。

日々の「話し合い」の中で、**意識の奥底に押しやるように我慢している個々人の「こうしたい」「こうなったらいいな」を解放し、活かし合うことこそが、望む未来を想像し、創り出す一歩になる**と、私は思うのです。

それこそが、一人ひとりが持つアーティスト性を花開かせ、イキイキと発揮することにつながるのではないでしょうか。

#002

企業が新たな価値を生み出す「器」になるには?

▶▶▶ 多様なメンバーを育もう。漫才のように、エネルギーの循環を生み出そう!

自分の属する「狭い範囲」でしか
通用しない「常識」は、
いつしか「暗黙知」となり、
組織は多様性を失います。

エネルギーの循環を制する
「暗黙知」を打ち破ろう!
個人の純粋意欲に光を当てよう!

「同じである」から「違いを生かす」へ

私は、組織開発や人材育成を専門とするファシリテーターとして、たくさんの企業に関わってきました。
組織の暗黙知が、一人ひとりの個性、つまりは「多様性」を消し去ってしまうことで、組織としての成長も止めてしまっているケースをたくさん見てきました。

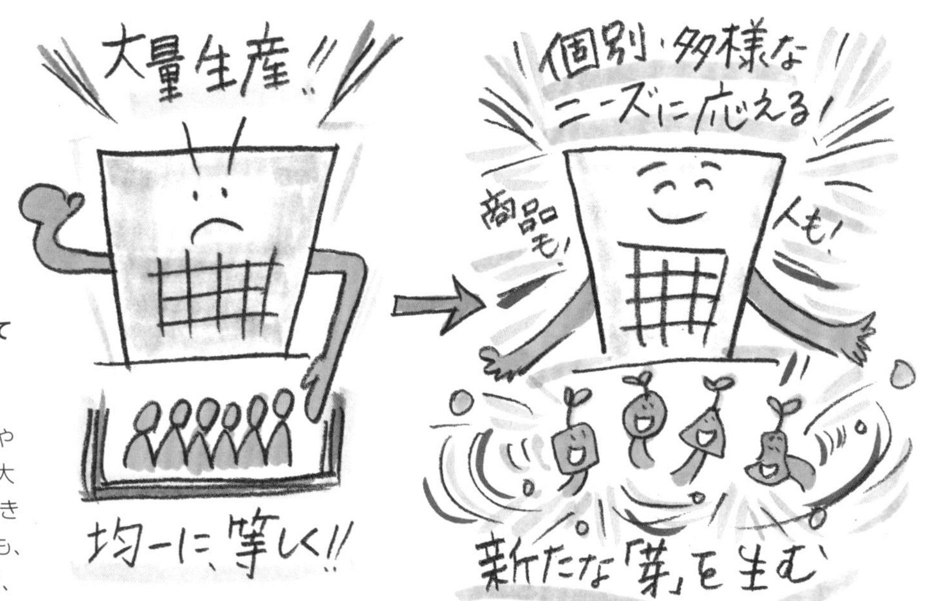

いち早く、高品質・高性能の製品やサービスを、均一に、滞りなく、大量に届ける事業モデルを築いてきた企業ほど、働く一人ひとりにも、等しい知識や同一の技術や感覚、組織の常識にそわせた、一致団結のチームワークを求めてきた傾向があります。

組織として必要なことではありますが、長い期間「企業の常識」を個人に求め続けたことで**「暗黙知」が多く生まれ、「新たな意味や価値を見出す・生み出す」ことが難しくなっているように**感じます。

結果として、一人ひとりの主体性は失われ、**新たなものを生み出そうとする意欲や、新しい時代に合った事業の「芽」も摘んでしまうことになっているばかりか、これまで育んできた企業文化や風土が悪者扱いされてしまっている**ことも、私は残念でならないのです。

これからの企業活動に、人間の「アート性」と「デザイン性」を活かそう!

「全員、前に倣え！」と、一律に号令をかけてきた企業は、個人の「衝動」を表に出すことを「奨励」するところから、始めてみませんか？

個人の「こうしたい」「こうなったらいいな」という「衝動（アーティスト性/アート性）」は、新しい事業やアイデアの「タネ」であり、育っていく上で欠かせない原動力です。
個々の「衝動」を抑え込んでいてはもったいない！！

一方で、個人の「衝動」が唐突に現れるだけでは、自己満足や、自己主張に終わってしまいかねません。

個人の「衝動」を、社会にとって必要な形や流れ、社会に響く姿へとデザインし、世の中に送り出す必要があります。

これからの企業は、「個人の衝動」という、これまでの常識を打ち破る「アート性」と、社会に響かせ役立たせる「デザイン性」を両方とも大切にし、企業の財産として育むことが欠かせないと思うのです。若者もベテランも垣根なく、個人の「衝動（純粋意欲）」を発揮してこそ、多様性を認め、活かし活かされあう事業が生まれ、未来の社会が創られるのだと、私は思います。

「エネルギーの循環をつくる」ことは、「漫才」に似ている

個人の衝動を生かし、社会に響く新たな意味や価値を生み出す。**「アート」と「デザイン」から成る、この「エネルギーの循環をつくる」関係性は、「漫才」のボケとツッコミに似て**います。

常識からは考えられないような「ボケ」の行動や発言を、「ツッコミ」の絶妙な合いの手が入ることで、笑いが生まれます。

「ボケ」と「ツッコミ」が留まることなく繰り広げられることで、笑いが笑いを呼び、観客を巻き込む「笑いの循環のエネルギー」が生まれます。

評価基準や成果の定義すらあいまいになった「今」だからこそ「自分自身が面白い」「やりたい」と思うことを、主体的、能動的に社会につなげていく。

企業活動も同じことです。**「エネルギーの循環」を起こし続けるために、個人の純粋意欲に光を当てることが、最初の一歩なのです。**

#003

エネルギーの循環を生むために、自分にできること

▶▶▶ グラフィックファシリテーションが個人の「衝動」を「社会化」し、エネルギーの循環を後押しする。

職場にはびこる愚痴や不満。
「蔓延すると士気が下がる」と
フタをしたり、
聴く耳を持たなく
なっていませんか?

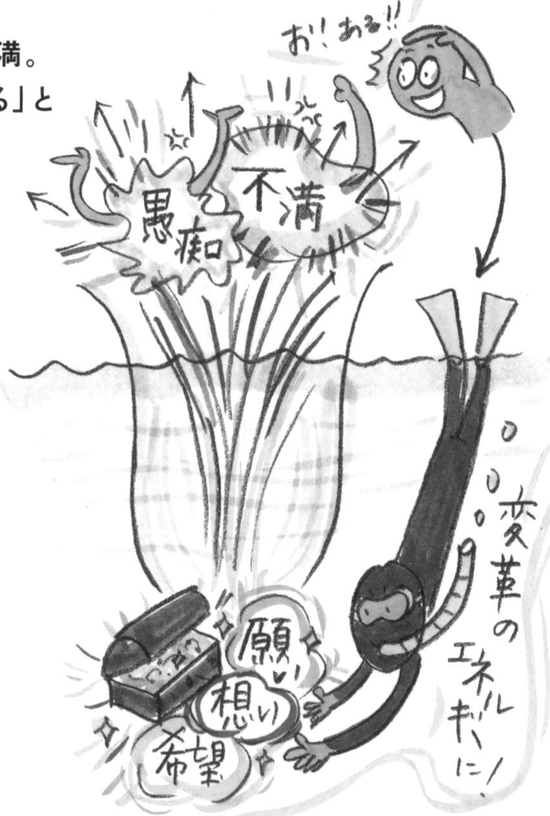

いいえ、
愚痴や不満は「宝物」。

奥に隠れる純粋意欲を
拾いに行こう。

愚痴や不満の「奥」に耳を傾け、「常識」を疑うことから始めよう!

これまでの日本の企業では、フタをされがちだった「愚痴や不満」。
そもそも**愚痴や不満は、願っていることが「叶わないでいる」時に、生まれます。言いかえると、諦めていたら、愚痴も不満も出ない**のです。

愚痴や不満が出る時は、まだその奥に「願い」という「エネルギー」が存在している、ということです。
しかし本人は、その奥に、自分の願いがあることに気がついていない（無自覚な）ことが、ほとんど。

エネルギーの循環を生み出すために、一人ひとりが最初にできることは、**愚痴や不満に耳を傾け、その奥にどんな願いを持っているか、真摯に丁寧に聴くことです。**

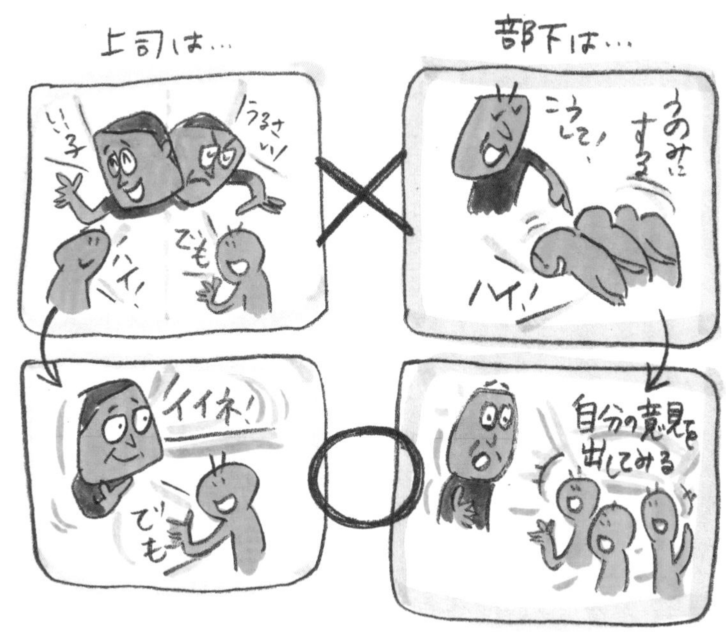

「本当はこれをやりたいんだ！」「こうしたいんだ！」という純粋意欲を、一緒にすくい上げることができれば、愚痴や不満は「現状」を改革する強いエネルギーとなるでしょう。

自分の言うことを素直に聴く相手だけを重宝するのではなく、自分に反対意見を言う抵抗勢力こそ、財産だと思って歓迎しましょう。

また、言われたことを鵜呑みにせず、自分だったらどう思うか。「常識を疑う」視点は、あなたの中の「アート」を目覚めさせる一歩です。

未来を語れる場をつくろう!

それでも人は放っておくと、過去とネガティブにばかり、目を向けてしまいます。「あれが足りない」「ここがダメだった…」「ここが難しい…」そのままでは、どんどん老け込んでしまいます！

「自分たちの未来は、自分たちで創る！！」
「新しい価値を、自分たちの手で生み出すんだ！！」と、**熱量高く、意識を持ち続けるには、職場の中で未来を語れる場を意識的につくることが大切**です。

初めのうちは、個人的な願いや熱い思いといった青くさい話をするのは恥ずかしいことかもしれません。しかし、**自分の願う世界やより良い未来について、職場の仲間と心から語り合うことができたら、その組織はきっと、生まれ変わる**でしょう。

みんなで語った未来が絵空事にならないよう、その話し合いの場をぜひ、情感たっぷりに描いてほしいと思います。

グラフィックファシリテーションの「存在意義」

グラフィックファシリテーションは、「アート」と「デザイン」による「エネルギーの循環」を生み出すために、存在しています。

職場のコミュニケーションは、とかく競争に勝つためや、役割を果たすために行われてきました。それが湧き立つコミュニケーションでしょうか？

私はそうではないと思います。**職場のコミュニケーションは、新たなものを社会に生み出すための素材探しや探検、寄り道。**もっとワクワクするもののはずです！

言われた成果のため、責任を果たすためだけに、歯を食いしばって仕事をするよりも、「楽しい！好きだ！」と思いながら、ワクワクする未来への素材や種を見つけ、つなげていくほうが、ずっと新しい価値を生み出せると思いませんか？

それには、**職場で、一人ひとりが個人の衝動を取り戻し、みんなで主体的に「こうしたい！」「こうしよう！」と合意していくことが不可欠です。**

目に見えないところに潜んでいる個人の衝動を見える化し、さらに社会へとつなげ、響かせ、広げていく。**個人の「衝動」を「社会化」していく**ことこそ、グラフィックファシリテーションが目指していることなのです。

#004

「AI」でなく「人間」が描くから、意味がある!

▶▶▶ 目に見えない、まだ言語化できていない部分を人の「感性」を使って表現しよう。

個人の「衝動」は、
本人でも「自覚」できていない、
意識の「奥」に
潜んでいることが、
ほとんどです。

人が「感性」を使って相手を感じとり、表現することで、
「新たなもの」を出現させる。
そこに「人が」描き、ファシリテートする意味があります。

グラフィックファシリテーションは、新たな世界や未来のカケラに出会う場所を創る

「りんご」と言って、「りんご」そのものを画像として描くことは、すでに現代のテクノロジーでできるようになりました。
AIのほうが、人間よりもずっときれいに素早く「りんご」を描けるでしょう。

でも、私たち人間には、人間にしかできないことが、あります。
それは**自分の「感性」を使って、人に寄り添い、相手を感じとり、それを表現する**ことです。

表面的な「言葉」のやりとりの「奥」に、どんな願いや想いがあるのか、つながりあうことを諦めない。それは、人にしかできません。

このプロセスこそが、まだ見ぬ新たな世界を浮かび上がらせ、未来を創造することにつながると私は思います。
人がまだ「言葉にできない」ところにこそ、新たな創造のタネや、見られたがっている未来のカケラが眠っているのです。

どうぞあなたの「場」から未来を描き出すために、グラフィックファシリテーションを活用してください。

グラフィックファシリテーションを導入した企業に聴きました その2

▷難しいニュースを「わかりやすく伝えたい」「自分ごととしてとらえてほしい」と始まった、NHK「週刊ニュース深読み」での、グラフィックファシリテーションを使った試みをご紹介します。

PROFILE

石津 雅さん

NHK 制作局・青少年教育番組部
チーフプロデューサー(当時)

Q グラフィックファシリテーションを番組内で取り入れようと思った理由を教えてください

わかりにくいニュースの本質を伝えたかった

山田夏子さんとぼくの出会いは2017年の初め。当時ぼくはNHK総合テレビで土曜日の朝に生放送していた「週刊ニュース深読み」という番組のプロデューサーでした。

この番組は、**とかくわかりにくいニュースの話題の本質を、模型などを駆使してわかりやすく伝え、さらにそのニュースが、みなさんの暮らしにどんな影響を及ぼすのか**を、複数の専門家による**フリーディスカッションを通じて伝える**というものでした。
たとえば、日本で働く外国人労働者の増加や、北朝鮮の核ミサイル開発、高齢ドライバー事故をどう防ぐかなど。

簡単に、答えや解決方法を見つけることは難しいけれど、みんなで考えたい大切なテーマついて、どうしたら視聴者の方々が「自分ごと」として興味や関心を持ってくれるか、常に試行錯誤していたのです。

そこで思い当たったのが、番組の目玉である「台本一切なし」のフリーディスカッションを、同時進行で絵に描いてもらう、という方法です。

立場や考え方の違う複数の専門家と、視聴者感覚に近いタレントゲストのトークバトルが、その場でグラフィックに描かれていったら、議論のどこが盛り上がったのか、どこが食い足りなかったのかなどを確認でき、そこから新たな論点が立ち上がるのではないか、と考えたのです。

グラフィックファシリテーションを導入して、どのような変化や気づきがありましたか？

どんな感じになるかやってみようと、2017年の初め、山田夏子さんにNHKにお越しいただき、過去の番組VTRを流しながら、それに合わせて実際に描いていただきました。

夏子さんのグラフィックはとても感情が豊かで、広い紙の中に、怒っている人、泣いている人、ハッピーな人など、さまざまな**感情の人がいて、感情のグラデーションがとてもよく表現されているなと感じました。**

直感的に、この広い紙は「社会」で、社会の中の感情のグラデーションが表現されていると感じたのです。議論の中で出た重要なキーワードなども過不足なく表現されていて、あるキーワードを取り上げて、以降の議論の論点とすることもできそう。スタッフ一同「いけるかも」と感じ、新年度となる4月の放送から、山田夏子さんに生放送に参加していただくことにしました。

当初、われわれが望んでいたことは、スタジオで行われた議論の流れを図式化することでした。
たとえば、専門家がこう言ったら、ゲストからこんな疑問が出た。しかし、この疑問は解消しきれないまま話の論点は変わって……、みたいな時間軸に従った図式化を想定していたのです。

しかし、本番の生放送をやってみてほどなく、問題点が見えてきました。

生放送なので、描いたグラフィックを“詳細に見ていく”時間を、なかなかつくれなかったのです。駆け足でグラフィックを説明するだけになってしまい、そこから議論を膨らますところまでたどり着けませんでした。

◯番組の整理よりも、視聴者の気持ちを一緒に描くほうがいい!

なんとかしなきゃと考えたとき、**夏子さんのグラフィックでもっともうまく表現されているのは、社会が感じている感情のグラデーション**だということに改めて気がつきました。

これまでは夏子さんに議論の流れ（＝スタジオで起きていること）を描いてもらっていましたが、**むしろ社会（＝テレビを見ている人たちの気持ち）を描いてもらったほうが、よいのではないかと思い至った**のです。

「週刊ニュース深読み」では、番組中に思ったことをツイッターでつぶやいてほしいと呼びかけていました。テーマによっては、45分間の番組中に1000件を超えるつぶやきが寄せられることもたびたびでした。

そこに寄せられる「声」を、グラフィックに一緒に描いてもらってはどうか、と考えたのです。

視聴者の賛否やさまざまな感情を描き出してもらい、数が多い意見は描くスペースも自然に広がっていく。それに伴って、感情のグラデーションにも変化が生まれる。それは、そのまま「社会の窓」になるのではないか。つまり**「社会はこんなふうに受けとめてるんだよ」ということを描き表すことになる**と思ったのです。

夏子さんも、このアイデアに大賛成してくれて「週刊ニュース深読み」流のグラフィックを用いたディスカッション体制がいよいよ整い、本格的なスタートを切りました。

夏子さんとは、本番前日の夜に打ち合わせし、今回のテーマで予想されるツイッターへの反応について想像し合って、当日、どのような反応をグラフィックに描いたら視聴者をニュースに巻き込めるかをとことん話し合いました。
その「見立て」を元に、ある程度、当日のグラフィックに描く「声」の内容を絞り込んで、本番に臨んでいました。

Q 視聴者の声を混ぜていく試みは、どんな反響がありましたか?

◯スタジオと視聴者が、共に語り合うような番組づくりができた!

たとえば、【技か美か 何を“魅せる”？ 進化する冬季五輪】(2018.2.3放送)では、平昌オリンピック・フィギュアスケートの見どころについて取り上げました。「4回転ジャンプ」という、高得点だが失敗のリスクも高い“諸刃の剣”に、挑戦するのか回避するのか。ジャンプではなく演技構成点・芸術点で高得点を狙うのか。群雄割拠な状況の中、羽生結弦選手はどう戦うのか。選手目線の“思惑”に、注目した特集です。

グラフィックをどう描いていくか、「声」のレイアウトも十分事前に検討し、ボードの左側に「技に期待」のコメント、右側は「美に期待」、真ん中の上部は「選手に期待」、下部は「素朴なギモン」を描くエリアとしました。
こうすることで、視聴者から寄せられた注目点や期待のポイントはもちろん、羽生選手へのメッセージや、他の注目選手についても声が挙がりやすいはず。視聴者が知りたいポイントや専門家への質問が描きこまれながら、スタジオのフリーディスカッションが進めば、お互いに、もっと深い本質への気づきが生まれていくはず、と考えてのことでした。

その結果、ツイッターも大いに盛り上がり、生放送の中でグラフィックに描かれた「声」を何度も取り上げ、視聴者の意見をスタジオのディスカッションの中に反映し、共に語り合うような番組づくりができました。

ツイッターの意見を番組中で読み上げたり、画面に表示するといった演出は、すでにいろんな番組で行われていましたが、「週刊ニュース深読み」では、グラフィックが加わることで、視聴者の感情を可視化することができました。もっと言えば、社会の空気感のようなものを可視化することができたのです。
グラフィックという「窓」を通じて、スタジオと社会(視聴者)を混ぜていく。それによって、それぞれが“我が事(自分ごと)”としてニュースをとらえ、考えることを後押しする。グラフィックの可能性を強く感じた番組制作でした。

おわりに

この本を、最後まで読んでいただき、ありがとうございます。
もしかしたら「自分には難しそう」と思われた方もいるかもしれません。どうか、いきなりすべてを上手くできるようにと考えず、自分の内側から湧き上がる純粋な意欲に従って、「やりたい」と思うことから始めてみてください。

私の両親は、私が２歳の時に離婚をしました。
私はまったく覚えていませんが、当時、家族が集まって、離婚の話し合いをしている場面で、
２歳の私が、父と母、そして祖父母の手をつなぎあわせ、童謡の「靴が鳴る（♪おてて つないで）」を大きな声で歌わせたそうです。
幼い娘の行動に母はとても驚き、今でも忘れられないと、後に話してくれました。
しかし、当時、わかり合えない状態の二人を、２歳の私にはつなぎとめることはできませんでした。

私には「どうやったら、人と人がもっと信じ合い、関わり合い、共に歩み続けることができるんだろうか？」という問いが、ずっと心の中にあります。

この純粋な意欲から、この本でご紹介してきたグラフィックファシリテーションという手法が生まれました。

「私たちの関係って…」と、人が自分たちの関係性を自覚するのは、別れ際だと言われています。渦中にいると、人は、なかなか自分たちの状態を客観的には自覚できないものです。

夫婦、家族、チーム、組織が、今の自分たちの状態を「別れ際」ではなく、常に自覚できるようグラフィックファシリテーションで描き出すことができたら、その人たちの関係性は、自分たちの意思を持って変容してくれるのではないだろうか。

そんな仮説を持って、この10年、描き続けてきました。

グラフィックファシリテーションを用いて対話を描き始めた頃は、自分でもわけもわからず、関係性を紡ぐには「描くしかない！」という個人の衝動から、ただただ描いていました。

今でこそ、グラフィックの効果や、人にもたらす影響のメカニズムを言葉で説明してきていますが、感覚的に絵を使って表現している、目に見えず、言語化しきれない、自覚すらできない「エッセンスレベル」のことを本にするのは、私にとって、とんでもなく難しいことでした。

普段、あまりに直感的に、当たり前に、自分では無自覚にやってきていることを論理的に説明するのは、とても一人ではやりきれない気の遠くなるような作業でした。

この本は、常に私の傍らで、一緒に仕事をしてくれている仲間の伊澤佑美という存在なくしては生まれませんでした。彼女が、常に、私の動きやパターンを観察し、たくさんの問いを投げかけて、多くの人にどう伝えたらよいかを共に考え、言葉を紡ぐことで完成しました。

私が、ノリと直感でやってきていることを見過ごさず、形に残そうと、情熱を傾けてくれたからこそ、今、この本があります。おゆみ、本当にありがとう！！　これからも、ますます、見られたがっているたくさんの未来を一緒に描いていきましょう。

そして1000以上の現場で描かせていただいた、グラフィックファシリテーションの臨床経験や2000人を超えるグラフィックファシリテーション講座の受講生のみなさんが、私にさまざまなことを教えてくれました。
場を提供くださったたくさんの企業や団体、コミュニティのみなさま、通ってくださった受講生のみなさま、ありがとうございます。

長期にわたり、なかなか言語化できず、整理できない状況の私に粘り強く寄り添い、出版を実現させてくださった、かんき出版の谷内志保さん、私がやりたいことを思い切りやれるようにと、粛々と家事育児を引き受け、大事な決断の場面では、逃げ出したくなるほどの本質的な問いを投げかけてくれた夫・藤田貴久には、感謝しても感謝し尽くせません。ありがとうございます。

改めて、これまで出会ったすべての人に感謝申し上げます。

私たちの日常に、今日もどこかで、笑い声の聞こえる対話が生まれていることを願って。

山田夏子

参考文献・出典一覧

『場から未来を描き出す――対話を育む「スクライビング」5つの実践』
ケルビー・バード、山田夏子／監訳、牧原ゆりえ・北見あかり／訳（英治出版）

『HOLACRACY ホラクラシー』
ブライアン・j・ロバートソン、瀧下哉代／訳（PHP研究所）

『ティール組織　～マネジメントの常識を覆す次世代型組織の出現～』
フレデリック・ラルー、鈴木立哉／訳、嘉村賢州／解説（英治出版）

『本当の仕事』
榎本英剛（日本能率協会マネジメントセンター）

『本当の自分を生きる』
榎本英剛（春秋社）

『ディープデモクラシー＜葛藤解決＞への実践的ステップ』
アーノルド・ミンデル、富士見ユキオ／監修・訳、青木聡／訳（春秋社）

『Co-Creation ファシリテーター養成講座 基礎知識』
由佐美加子（合同会社CCC）

『ビジネスの未来 エコノミーにヒューマニティを取り戻す』
山口周（プレジデント社）

『世界のエリートはなぜ「美意識」を鍛えるのか？ 経営における「アート」と「サイエンス」』
山口周（光文社）

『パウル・クレー手稿　造形理論ノート』
パウル・クレー、西田秀穂・松崎 俊之／訳（美術公論社）

『ビジュアル・ミーティング 予想外のアイデアと成果を生む「チーム会議」術』
デビッド・シベット、堀 公俊／監修、株式会社トライローグ／訳（朝日新聞出版）

『描きながら考える力 ~The Doodle Revolution』
サニー・ブラウン、壁谷さくら／訳（クロスメディア・パブリッシング）

『誰も教えてくれないデザインの基本』
細山田デザイン事務所（エクスナレッジ）

『かくれた次元』
エドワード・T・ホール、日高敏隆、佐藤信行／訳（みすず書房）

日本プロセスワークセンター
https://jpwc.or.jp/process-work/history/
https://jpwc.or.jp/process-work/

CRR Global Japan
https://crrglobaljapan.com/
https://crrglobaljapan.com/program/

LifeQua
https://lifequa.com/goals-and-objectives

美術手帖「社会彫刻」
https://bijutsutecho.com/artwiki/88

よく生きる研究所（榎本英剛）
https://www.yokuikiru.jp/

購読者だけのダウンロード特典!

ファシリテーターの「あり方」トレーニングシート①、②をぜひご活用ください!

ファシリテーターの「あり方」トレーニングシート①

グラフィックファシリテーションで大切なのは、ファシリテーターの「あり方」です。自分の「あり方」をとらえることから始めましょう。「今日一日、自分がどうありたいか」「今日一日、自分はどうだったのか」に意識を向けてみてください。

「未来の私」日記

今日の一日、どんな気持ちで過ごしたいか、予定ごとに自分の気持ちを顔の表情や色で描き表そう。
その表情や色に込めた意図や願いも一緒に書いておこう!

「今日の私」日記

今日は、どんな一日だった? どんな心持ちで過ごした?
どんな自分だったのか振り返り、顔の表情と共に描き表そう!

ファシリテーターの「あり方」トレーニングシート②

ファシリテーターの「あり方」を鍛えるために、ファシリテーター自身の「メインストリーム」と「ゴースト」を探究しましょう。まず自分に現れている「症状」を書き出しましょう。そして、どのような「メインストリーム」と「ゴースト」が、その症状を引き起こしているかを想像し、書き出してみましょう。

ダウンロードは
こちらから!

著者紹介

山田　夏子（やまだ・なつこ）

◎――一般社団法人グラフィックファシリテーション協会 代表理事、株式会社しごと総合研究所代表取締役社長、システムコーチ／クリエイティブファシリテーター。武蔵野美術大学造形学部卒業。大学卒業後、クリエイターの養成学校を運営する株式会社バンタンにて、スクールディレクター、各校館長を歴任。その後、人事部教育責任者として社員・講師教育・人事制度改革に携わる。同社にて人材ビジネス部門の立ち上げ、キャリアカウンセラー、スキルUPトレーナーとして社内外での活動を行う。教育現場での経験から、人と人との関係性が個人の能力発揮に大きな影響を与えていることを実感し、その後独立。

◎――2008年に株式会社しごと総合研究所を設立し、グラフィックファシリテーションとシステム・コーチング®を使って、組織開発やビジョン策定、リーダーシップ事業を展開する。小さな組織から大企業までのチームビルディング、教育や地域コミュニティなど様々な現場で活躍、これまでに携わった組織は950社以上。また、グラフィックファシリテーター養成講座も開催し2000人以上が受講。愛あふれるファシリテーションに参加者が涙することも多い。

◎――2017年から2018年3月までの約1年間、NHK総合『週刊ニュース深読み』にグラフィックファシリテーターとしてレギュラー出演。また、2021年5月にはNHK総合『考えると世界が変わる「みんなパスカる!」』でも、グラフィックファシリテーターとして参加し話題を呼ぶ。

◎――監訳書に『場から未来を描き出す―対話を育む「スクライビング」5つの実践』ケルビー・バード著（英治出版）がある。

https://www.shigotosoken.jp/
Twitter : 山田夏子@しごと総研　@shigotosoken

執筆協力　伊澤佑美（しごと総研）

グラフィックファシリテーションの教科書(きょうかしょ)

2021年7月14日　　第1刷発行
2021年9月13日　　第2刷発行

著　者――山田　夏子
発行者――齊藤　龍男
発行所――株式会社かんき出版
東京都千代田区麴町4-1-4 西脇ビル　〒102-0083
電話　営業部:03(3262)8011㈹　編集部:03(3262)8012㈹
FAX　03(3234)4421　　振替　00100-2-62304
https://kanki-pub.co.jp/

印刷所――図書印刷株式会社

　ISBN978-4-7612-7562-4 C0034

スキル！

時間通りに
終わる

みんなが
納得する！

ぐだぐだ会議
にサヨナラ

問題が
解決する！

必ず
決まる！

プロファシリテーター
園部浩司
Koji Sonobe

オンライン会議
もくわしく解説！

ダウンロード特典あり ウラへ

エプソン販売、三井不動産ビルマネジメント、ダイドードリンコ、
JR東日本、ジャパネットホールディングスなど多数の企業で大好評！

1760円（本体1600円＋税10%）

くわしくはこちらを
チェック！
▼